De la soledad
a la
redención

De la soledad a la redención

El viaje de la esclavitud a la libertad

Israel Pérez

TALENTO
PUBLICACIONES
2025

Título: *De la soledad a la redención*
Autor: Israel Pérez

I.S.B.N.: 979-13-991035-2-6

Edita: TALENTO Publicaciones (Samuel Juliá Cristóbal)
        E-mail: info@talentopublicaciones.com
        Web: www.talentopublicaciones.com

Edición POD

Índice

"Hablar de la redención, sin hablar del pecado es imposible. Lo mismo que hablar de la soledad sin relacionarla a la caída. Sin embargo, no podríamos disfrutar las hermosas verdades de la redención sin comprender la gravedad del pecado. Hablar tanto del pecado, como de la soledad y sus vicios, es desagradable. Pero sin ello, no experimentaríamos las dulzuras de la cruz".

"Cuando hablo de la "soledad" no me refiero al hecho de vivir solo. Hablo del sentirse solo".

PRÓLOGO

Hoy día se habla de una auténtica epidemia de soledad en el mundo occidental. Millones de personas se sienten completamente solos. Lamentablemente, este mismo fenómeno se está dando a conocer en la iglesia cristiana. Hasta los pastores de todo tipo de trasfondo denominacional se quejan de la soledad crónica que acompaña su vida ministerial. Los luteranos se sienten solos. Los presbiterianos, los anglicanos, los metodistas y los pentecostales también. ¡Hasta los bautistas reformados sufren soledad! ¿Qué está pasando? En este contexto, hace falta un libro como *De la soledad a la Redención*. Como el título indica, el autor Israel Pérez arranca su estudio analizando varias expresiones de la soledad (la ansiedad, el sinsentido, la incertidumbre, etc.) para explicar que la solución reside en el concepto bíblico de la redención. Jesucristo, el Redentor, es quien nos ofrece el abrigo del Padre para que no nos sintamos desamparados. En una frase particularmente iluminadora, Pérez declara que: "Jesús nos ha redimido para nunca más estar solos".

Objetivamente hablando, el hijo de Dios nunca se encuentra solo. La guerra, sin embargo, reside en la dimensión subjetiva. A nivel personal, el cristiano ha de pisotear la sensación de abandono confiando en la Omnipresencia de su Padre. Debe recurrir a Él en todo momento con gratitud por la dádiva de la redención para no caer en la trampa de sentirse solo: "La clave para vencer la ansiedad no es tener el control. Es orar. Es ser agradecidos".

Además de ser un tomo fundamentado en la verdad de la Sagrada Escritura, *De la soledad a la Redención* comparte varias experiencias personales del autor a través de las cuales el lector atento se da cuenta de que el hermano Pérez no escribe desde la comodidad de una torre de marfil, sino desde el campo de batalla. El autor ha aprendido a luchar con la soledad empleando las santas armas del evangelio. Y de esta manera, se convierte en nuestro compañero espiritual también.

Gloria a Dios por la redención efectuada en Jesucristo. Gloria a Dios por la bendición de vivir nuestra vida cristiana sin sentirnos abandonados. Gloria a Dios por *De la soledad a la redención*. Gloria a Dios por nuestro autor Israel Pérez.

Deseo, de todo corazón, que este nuevo libro te consuele y fortalezca a fin de que, a partir de ahora, vivas cada instante de tu existencia en esta tierra coram Deo. ¡No estás solo!

¡Estás bajo el abrigo del Omnipotente! ¡Aleluya!

**Pastor Will Graham, Palabra de Vida, Almería.
14 de febrero de 2024.**

Capítulo 1:
Algunas expresiones de la soledad

La ansiedad

La expresión "ansiedad" denota un estado de ánimo, así como un estrés mental y físico que desemboca en dos reacciones. Unos son llevados a la depresión o emociones semejantes, mientras que otros buscan escapismos. Hacen todo por salir de estas emociones mediante fiestas, bebidas, etc. En este sentido, la asociación directa a esta emoción suele ser la impaciencia o el desespero. Sin embargo, déjeme describir la ansiedad como un problema emocional que nace de necesidades o demandas insatisfechas.

Podemos observar esto de manera explícita y natural en la demanda emocional y física de los hijos sobre los padres. Ahora, el prejuicio recae en el pensamiento de que esto solo ocurre cuando somos niños. Aunque no es falso el pensamiento, la realidad es que muchos podemos llegar a ser adultos e incluso casarnos y tener hijos y nunca sentir que se satisfizo la necesidad emocional que aún podríamos llevar en el pecho. El asunto es que fuimos hechos con ciertas necesidades que sobrepasan lo físico, y estas demandas no se van ignorando nuestras propias exigencias. Muy en el fondo de estas necesidades emocionales y físicas que manifestamos con mayor naturalidad en la infancia en relación a nuestros padres, solo buscan algo más profundo que el simple hecho de pasar un par de horas jugando con ellos. La búsqueda real es la identidad. De allí la gran influencia que ejercen ambas figuras paternas sobre la vida de los niños en el hogar. La figura de autoridad que Dios establece en la familia mediante el varón es indispensable para la formación integral de los niños. Dios, a su vez, para la perfecta armonía, establece en la mujer la ternura y la diligencia, el cariño y paciencia con que es ayuda adecuada para el esposo, de modo que los hijos van forjando el carácter que corresponde a su sexo cuando estas dos figuras están presentes.

Aunque esta armonía y unión son notablemente dignas de honor, los ataques hacia este orden establecido por Dios son desde antaño. Las consecuencias se reflejan en que tenemos a hombres y mujeres carentes del carácter correspondiente a su identidad sexual. El resultado de esta sociedad "diluida" es la falta de identidad existente en el nicho del hogar. Ahora, la interrogante que se asocia a la ansiedad entre otras es: ¿Qué pasa cuando no tengo lo que busco, sea legítimo o no? He dicho que la ansiedad nos puede llevar a dos estados: Caemos en un primer estado depresivo, el cual suele llevarnos a un segundo estado que se puede reconocer como escapista. Es del escapismo que nacen las desviaciones.

Estas desviaciones empiezan a verse desde la niñez hasta la edad en que el pecado empieza a ser ejecutado visiblemente. Es cuando nace la rebelión.

El resultado que no se espera el pecador es que mientras se promete a sí mismo en su orgullo que está haciendo lo que "le da la gana" realmente se está sumiendo en la depresión, ahogándose en la soledad.

El silencio

Hay momentos en los que la soledad parece el único sentimiento. Estos momentos son marcadamente fuertes cuando la vida en sí parece no tener sentido. ¿Cómo es que llegamos a este punto donde todo pierde su sentido de ser o su causa? Eventualmente suele ser la pérdida, la amargura de ver partir a quien quieres sin poder evitarlo. No importa si es una pérdida súbita o lenta; jamás deseas estar allí cuando esto pasa. Creo que esto nos ocurre porque en el fondo sabemos que la muerte no es amiga de nadie, pero a su vez es inevitable. Esto nos lleva al sinsentido y la soledad. La muerte nos anuncia que no importa la clase social, estatus económico o cualquier otra vanidad. Frente a la muerte todos somos polvo. Entiendo que esto no sea sino difícil de enfrentar. Algunos se arman de una actitud que los impulsa al razonamiento de vivir sin cohibirse de ningún antojo porque saben que no podrán esquivar la muerte. Así se entregan a todos sus deseos desordenados y pecaminosos. Pero en lo más interno buscan escapar de la soledad a la que son arrojados por el sinsentido que les deja la experiencia de ver perder a un ser muy querido. Esto se agrava con la reflexión de que un día tendrán que enfrentar también la muerte.

Entonces nos vemos frustrados. Amargamente frustrados. Quisiéramos hacer tantas cosas, pero todo parece tan ridículo e insípido. ¿Para qué intentarlo? La impotencia crece con este ceño fruñido que muestra un corazón hecho pedazos.

Seguidas todas las emociones fatales del sinsentido y la frustración, llega la decepción. Hay un momento en que la vida luce de espléndidos colores. La vida es como la primavera en el jardín de las ilusiones. Pronto, muy pronto llega el invierno de todas nuestras decepciones. Los colores se van. El frío congela. El cielo solo tiene nubes oscuras y el mar de verano se torna en soledad. Entonces nos encontramos a nosotros mismos culpando a todo el mundo y Dios es objeto de nuestro resentimiento.

La incertidumbre

El hecho de que la vida es incierta nadie lo puede negar. La cuestión en este tema se direcciona más hacia aquello en que ponemos nuestra confianza y seguridad ante tal incertidumbre.

Recuerdo muchas ocasiones en las que la incertidumbre se me presentaba con necesidades económicas por suplir. Infinitud de veces me sentía en una habitación oscura hasta que se llenaba de luz al tener dinero para solventar. Ahora, si bien es cierto que todos tenemos realidades económicas en nuestras vidas, muchos de nosotros podemos caer en la tentación de poner en el dinero la confianza con la que huir de la incertidumbre de la vida. Figúrese usted que muchos pueden vivir felizmente sin tener grandes lujos. De hecho, solo para el diario. Pero son espontáneos y felices. No así, hay quienes no tienen absolutamente nada, viviendo así vidas amargadas por esta causa. Por otro lado, hay quienes poseen muchísimo dinero y no piensan en el dinero más de lo que un matemático piensa en filosofía. Mientras que existen aquellos que tienen tanto dinero que en lo único que piensan es en acumular mucho más. ¿Cuál es la diferencia? La diferencia es que aquellos que confían en sus posesiones o dinero solo pueden estar tranquilos cuando están prósperos, mientras que si carecen o sufren necesidades, viven amargados.

La siguiente pregunta es útil, sea que tengas o no dinero: ¿Qué tanto pueden hacer los hombres de cara a la muerte? Poner, pues, la confianza y seguridad en el dinero, sea que se tenga o que no, es poner la confianza y seguridad en el aire, en lo incierto.

Otros tienen sus esperanzas en cumplir todo aquello que se espera de ellos. El cumplir con todas las expectativas. Dedican todos sus esfuerzos, pensamientos, energías, disciplina y pasión en lograr todas las expectativas que están sobre sus hombros. Entonces viene una enfermedad repentina. De momento se cruzan con la pérdida. De un momento a otro el país entra en una gran crisis. Súbitamente están perdidos en el aire al notar que sus esperanzas descansaban en lo incierto.

Pero estas cosas no seducen a quienes están sumergidos en la excesiva apreciación que tienen de sí mismos. Hay quienes tienen toda su confianza y seguridad en su belleza. Aquí vemos a las personas obsesionadas con su cuerpo. Pero es más de lo mismo: por mucho que se esfuercen, la belleza no es eterna.

Hay, además, quienes confían en sus propias capacidades. Se saben capaces de lograr lo que se proponen, creen tener todo lo necesario para ir tras ello. Caminan con la seguridad y confianza de conquistar sus metas porque día tras día se convencen de sí mismos y de poseer todas las potencialidades para desarrollarse y cumplir sus "sueños".

En otros casos, la confianza y seguridad descansa en las "buenas" relaciones. Así que la confianza de estos se fundamenta en el círculo de contactos que tienen para saberse potentes y capaces. Todas estas cosas no parecen malas en sí mismas. Lo irónico es poner la confianza y seguridad en la incertidumbre. No importa tanto si crees que, con tu dinero, con alcanzar todas las expectativas, tu belleza, tus capacidades o tus relaciones, puedes lograr estar seguro. El punto es que hay un momento en que todos experimentamos la realidad de que poner nuestra confianza en todas estas cosas puede producir un sinfín de emociones frustrantes, tales como en el caso de quienes confían en el dinero: tristeza cuando no lo tienen, codicia por poseerlo y, con ello, el estrés de siempre tener más y de procurar mantenerse en ese estatus; en el caso de quienes ponen sus esperanzas en alcanzar todo aquello que se espera que logren: si lo logran, se llenan de orgullo, mas si no, de tristeza; en lo tocante a aquellos que están enamorados de sí mismos, en sus capacidades y destrezas o sus relaciones, esto es confiar en el polvo. En lo incierto. Aquello que puedes tener y de un día a otro perder.

Por esta causa, las reacciones ante la pérdida de aquello que genera confianza desembocan en la tristeza, la inseguridad, el pesimismo; una actitud "positiva", en algunos casos, donde las personas son más lentas para darse cuenta de que realmente han perdido todo aquello en lo que tenían sus esperanzas. Esta actitud "positiva" tarde que temprano ahoga a la persona. Se vuelve buen "actor", que puede muy bien esconder en la risa la pena del alma, encubriendo la soledad.

Abandono

Una de las cosas que más nos lleva a la sensación de la soledad, sin lugar a dudas, es el abandono. ¿Qué clase de sentimiento es este que embarga el alma al sentirnos abandonados? Uno que ataca al corazón; al alma directamente.

Describir tal emoción resulta bastante desagradable, aunque no tanto como experimentarla. Sufrir abandono es sentir en el pecho un dolor tan profundo que la expresión que lo ilustra es "morir". Uno llega a sentirse morir.

El abandono puede venir cuando, cierto día, escuchas las palabras: "tu papá me pidió abortarte". Puede llegar cuando, sin mucho interés ni indagar sobre el asunto, te informan de que fuiste una persona no deseada ni planeada. No hay necesidad de que una persona se vaya de tu vida, en tu infancia; por ejemplo, tu padre o madre. Puede que siempre estuvieran allí, pero solo físicamente. La distancia es la misma. Como si no existieran. A pesar de que habiten el mismo techo. La experiencia de abandono no está limitada a la ausencia física, o el marcharse de esa persona que afecta tu vida. Cuando hay un abandono, aunque esté la persona junto al mismo techo, canalizamos tal abandono como uno que se ha ejecutado en las emociones. Es ser abandonados emocionalmente. Este abandono nos lleva al sentimiento de no pertenecer a ningún sitio. Surgen las heridas. Prosigue la venganza. La del uno contra el otro. Esto, en efecto, es mucho más profundo que el simple abandono físico.

El abandono nos sorprende cuando crecemos y cambiamos y notamos que aquellos que amamos ya no tienen interés en las mismas cosas en las que uno encuentra total atracción. Recuerdo haber vivido una experiencia de abandono cuando comprendí que estaba en una iglesia cuyo fundamento bíblico dejó de ser el eje de su predicación. Por la gracia del Señor, entendí que debía hacer algo. Aunque no tenía claro entendimiento de lo que estaba bien o mal, tenía en mi alma la inquietud de que la esencia de la fe estaba siendo distorsionada. Se volvió mucho más que incómodo cuando, al hablarlo con quienes más amaba en mi círculo, no encontraba exactamente una misma mirada de la realidad. Aún resultaba más traumático cuando los líderes persistían en estar en lo correcto. Objetivamente sabía que ya no estaban hablando del evangelio. Pero, subjetivamente, sabía que aquellas personas estaban tan profundo en mi corazón que cualquier encuentro con ellos era una crisis en mis convicciones respecto del evangelio. Fue cuestión de tiempo… mis mejores amigos ya no estaban allí, conmigo. Sí, sentí un abandono particular. Uno muy desgarrador. Sentí ganas de huir de aquella experiencia, pero pronto entendí que no podía.

Ahora, quiero decir que la sensación de soledad engendrada en el abandono no necesariamente es pecaminosa. Sin embargo, revela que nuestro corazón sí lo es. Y lo hace cuando vemos que los lugares donde quisiéramos escondernos sutilmente nos llevan al pecado. La pornografía hunde a las personas en una depresión intensa. La inmoralidad sexual comienza cuando, huyendo de esta emoción, escoges ya no sentirte tan mal acudiendo a la fantasía. El alcoholismo está también entre los lugares de refugio. De momento, los creyentes, al atravesar estas realidades, se dan cuenta de que los "amigos" que no comparten su fe parecen ser más "comprensivos" que los mismos "cristianos" que les han abandonado. Las malas relaciones entran en esa etapa. No eres consciente de que, en el declive, pasas a vivir la vida tan exactamente como el mundo.

No sé si entre los lectores encontraré personas cuyo pasado haya sido marcado por el consumo de drogas, pero no es muy extraño ver que gran porcentaje de quienes así lo hacen son llevados a estos vicios queriendo huir del abandono y la soledad. Estas emociones dejan un vacío que pretende ser "extinguido" con el éxtasis de cualquier sustancia. El problema real es que, en realidad, no lo apaga. Por tanto, lo que un día produjo éxtasis ya no es suficiente. Se ven aumentando la dosis, se experimenta con una sustancia más pesada. Con violencia paulatina, se hunden en la desgracia.

La sensación de abandono que nos lleva a la soledad en sí misma no es mala; los refugios que buscamos son los que dan testimonio de que nosotros sí somos malos, pecadores. La homosexualidad, el lesbianismo, los vicios, etc. Todos estos se convierten en refugios. Pero… hay otros lugares de refugio que no son tan extravagantemente pecaminosos. La depresión, el desánimo, la apatía, la ingratitud, la indiferencia, la frialdad; estos también nos acusan de maldad. El abandono puede ser una experiencia real y amarga, pero la soledad que engendra y los vicios que deja son realmente alarmantes. Sea cual sea tu situación, yo creo que en la medida que leas este libro habrá consuelo y ánimo sólidos escondidos en Cristo. Puedo decir con convicción y experiencia que los habrá. Amén.

Demanda de amor

En nuestra sociedad se respira, de forma generalizada, una fuerte demanda por satisfacción personal. Casi cualquier persona con la que uno pudiera toparse al caminar lleva consigo una fuerte necesidad que nunca parece ser satisfecha. La muchedumbre deambula en busca de algo más que fuera de casa o dentro de sí mismos no pueden conseguir.

Vas al cine, y las películas personifican esta insatisfacción. Vas a la industria musical, y sucede lo mismo. En la literatura, exactamente igual. La sociedad se vuelca sobre un desesperado vacío que nunca se llena, ni encuentra, por lo tanto, propósito a la vida. La naturaleza de tal demanda tiñe su esperanza en la exigencia antes que en ceder. En exigir, mas no en dar.

Luego tenemos el consumismo, donde se suma la inmediatez. El hambre y la sed por lo inmediato. Sin trabajo, sin esfuerzo, sin paciencia, sin ceder. Es la fuerte costumbre que se apodera del pensamientoególatra de poseer todo cuanto se le antoja al vientre y al pequeño tirano que gobierna en nuestras propias mentes. Sí o sí, obtener lo que quieres, cuando lo quieres, como lo quieres, siempre que lo quieras.

Así llegamos hasta el punto en que el "amor" llega a ser una demanda.

Se mezclan la confusión con el deseo, la necesidad con la lujuria, la complacencia con la impaciencia y la búsqueda de afectos con exigencias. Lo que se presenta de esta manera con el supuesto romance hollywoodiense es la mera pretensión egoísta de placer sin compromiso. Besos sin responsabilidad que delegan el pacto del amor matrimonial como una reliquia de los antepasados, que ante todo eran personas de un corte demasiado pesado e inútil para nuestra sociedad disoluta. La consideración de un amor que se dispone al instante de colores y fuegos artificiales, llenos de aventuras y cenas inolvidables, o simplemente besarse como enfermos de lujuria en las esquinas y calles de la ciudad. Esto es lo que hoy se respira. Es la demanda de "amor".

Resulta, pues, que con el paso del tiempo la misma demanda de antaño se vuelve cada vez menos agradable. Quizá la atmósfera del siglo XVIII pudo ser, en el mismo aspecto romanticista, un tanto más estable y familiar. No por ello dejaba de asomarse el pecado, las lascivias; pero la idea o la mera concepción familiar concebían un estilo de vida más estable, resguardando cierto grado de honor. En este sentido, creo que la distorsión de la misma concepción amorosa que existe hoy por hoy en la segunda década del siglo XXI está en manos de una agenda global que se quiere imponer como natural, aunque, de hecho, sea antinatural. Si hoy sientes deseo de amar a un animal de forma sexual, dicha demanda de amor tiene que ser atendida y, si las consecuencias del amor de este siglo vienen cargadas de promiscuidad, la solución radicará en matar a más niños en el vientre materno que hombres en las armas de la guerra. Pero para lucir con elegancia un acto tan vil se utiliza la supuesta premisa de que la persona puede seguir con su estado de sexualidad abierta sin importar cuantas veces tenga que asesinar a un niño para seguir su promiscuidad y desenfreno aberrante. Claro, eso sí, debemos respetar los "derechos" de la mujer promiscua, que no necesariamente es víctima de hombres promiscuos. Son la clase de argumentos de esta sociedad lasciva.

Cuando a las personas se les deja vivir bajo sus propios caprichos, porque eso fortalece a las industrias del consumo global, lo que vemos es que la misma demanda de amor que un día podía hacer pensar a un hombre el tomarse la vida con un poco más de seriedad, ahora lo lleva a huir de cualquier responsabilidad que le robe su deseo de pretender ser siempre un "niño".

La realidad oculta es que, mientras piensan que se libran de la soledad, cada vez se hunden más en ella. Desesperadamente huyen de ese sentimiento que los absorbe cuando se levantan y no hay nadie que les haga ruido. La soledad maneja sus mentes como sus almas y sus corazones, mientras que, como siempre, los vicios que crecen afloran el desperdicio total de todo el tiempo que jamás volverá, ni la posibilidad de remediar las consecuencias fatales de tales pecados y vicios. No es verdad que sean felices los que viven en esta sociedad diluida. Las fiestas solo aumentan el número de muertes. Son más las familias cuyos padres ya no saben lo que hacer para evitar el naufragio de sus hijos. Lentamente, lo que está acarreando esta sociedad bajo la impertinente soledad que despoja de propósito y ahoga a las personas es una generación que ni siquiera sabe ya su nombre.

Desde luego, no solo es la soledad la que afecta y contribuye a este deterioro. Sin embargo, mi análisis es acerca de la soledad. Lamentablemente estoy escribiendo una de las realidades menos agradables que como joven he tenido que presenciar. He de admitir que mi esperanza no está en esta sociedad, mas considero que la iglesia es el faro de luz que hasta el retorno de Cristo ha de brillar.

Sufrimiento

Parecería fácil sentarse detrás de un escritorio y expresar todo lo que se piensa. Es posible que el lector asuma que esa es mi realidad cuando trato de dar sentido a todas estas palabras. Honestamente, no quiero que se me malinterprete. Sé lo que es sentirse y estar solo. Sabemos que el sufrimiento, además, es una realidad. Es un hecho que se expresa de diversas formas en distintas situaciones de la vida en este mundo. Una de ellas, irrefutablemente, es la pobreza. Nadie puede negar la pobreza; los que pasan por ella saben que puede arrojar a muchos a la melancolía que encubre de soledad las penurias de irse a la cama sin un bocado de pan.

Irónicamente, pensamos que las riquezas de este mundo podrían librar el alma del vacío y la soledad. Es cuando uno encuentra que, por muchos bienes que se tengan —al menos así lo retratan cientos de miles de casos—, no se puede comprar amor, adquirir la compañía sincera de alguien que ame a la persona, no lo que de ella pueda obtener. El dinero, ciertamente, puede comprar las distracciones para olvidar. Cosas externas con las que ignorar la realidad. El dinero, sin embargo, no compra lealtad. No esquiva la soledad.

Ni los pobres ni los ricos escapan de la enfermedad. Ella tiene la capacidad de llevarse todo lo que un hombre posee hasta su llegada. Tiene el poder de quitarle la ilusión a un hombre, justo cuando más sentía que podía amar. Es la enfermedad, desdicha que acompaña la vida dejando al desnudo el corazón, haciéndolo pequeño. Bien puede reírse de los días de grandes alegrías. Es fría. Algunas enfermedades son letales y repentinas. Otras van aumentando sus dolores suavemente. Atraviesan el alma con sutiles punzadas. Hace que hombres conocidos por su piedad llamen a esta tierra *"tierra de penumbras"*[1].

Inevitable, la muerte se ríe de todas las clases sociales. No se obstruye por familias, alegrías, riquezas, miserias, reuniones, triunfos, fracasos, juventud, vejez, soledad, compañía; ante todas estas cosas, su silueta es la ironía; la risa que mueve solo un labio hacia un lado, mientras que con la mirada nos anuncia su llegada. Parece que ya no importan las moradas terrenales; las caricias apacibles, los encuentros vigorosos y las glorias de este tiempo. Ante la muerte, no existe varón que le haga frente. Y, sin embargo, a su pensamiento huye la gente, ignorándola como si nos olvidase por de-

---

[1] Alusión a la película autobiográfica del escritor británico C. S. Lewis: *Tierra de penumbras*

cepcionarse de nosotros. Ironía es su silueta. No hay rico ni certeza. ¿Cómo podremos ignorarla? El creyente, cuya esperanza está en Dios, debería considerar a la muerte como un amigo que le dice: "Si estás en Cristo, no me temas". Con la certeza de que en la cruz fue muerta, derrotada y destruida. La iglesia sabe que nadie, ni aun la muerte, pueden quitarle a su Rey, ya que descansa en el hecho de que nadie está sobre Cristo. Porque nadie está por sobre Él.

No así, desde este tiempo presente, ¿la muerte deja de ser una realidad? Antes, es una realidad que tú y yo debemos abordar. Triste, al presente, pero feliz al encontrar en Cristo la paz.

De muchas otras cosas podemos hablar para afirmar que el sufrimiento es, existencialmente hablando, causa de gran depresión y umbral de la desagradable soledad. Nos vemos en muchas ocasiones necesitando una salida. Es aquí donde cualquier lector entiende que necesita de alguien que sea mayor que todo lo que este mundo caído enfrenta.

Sobre la oscuridad que nos lleva a la amarga soledad nos preguntamos si hay alguien a quien podamos correr. Gratamente puedo correr a Cristo: *"Corro a Cristo"*[2].

---

[2] Alusión al himno: *Corro a Cristo*, de: Chris Anderson, interpretado por Doulos Música.

Capítulo 2:
Las reacciones pecaminosas

La ansiedad

La Escritura narra que, cuando Dios hizo al hombre, y antes de a él el cosmos, *"todo era bueno en gran manera"*. Génesis 1:10 dice: *"Y vio Dios que era bueno"*. Verso 12: *"Y vio Dios que era bueno"*. 18: *"Y vio Dios que era bueno"*. 21: *"Y vio Dios que era bueno"*. El 25 sigue diciendo: *"Y vio Dios que era bueno"*. En este orden de ideas, el autor concluye referente a toda la creación, en el verso 31:

> "Y vio Dios todo lo que había hecho, y he aquí que era bueno en gran manera".

Salvo por el verso 18 del capítulo 2, donde Dios mismo afirma que "no es bueno que el hombre esté solo", y le hizo a su mujer como ayuda adecuada para él y su labor en el huerto, entre otras cosas hermosas. Así pues, aunque el autor bíblico no lo dice, bien podríamos afirmar que al Dios traerle ayuda idónea al hombre, entonces todo absolutamente "era bueno en gran y excelente manera".

¿Cómo lo que era bueno en gran manera, llegó a ser "sobremanera malo"? Esta pregunta tiene mucha profundidad, pero objetivamente hablando, todo pensamiento doctrinal que quiera ser fiel a la Escritura debe romper los prejuicios y razonamientos resentidos para poder afirmar con certeza lo que la Biblia anuncia de la misma forma. Aquí tenemos el origen del pecado en nuestra existencia. No podemos pasar por sobre ello y buscar respuestas en nadie ni en nada más que en la Biblia, cuyo autor es nuestro Señor y Dios, Creador de todo lo que existe.

Entonces, nos preguntamos, ¿qué pasa aquí? ¿Es necesario revivir el suceso del Génesis para dar sentido a nuestra dura y fea soledad que se expresa en ansiedad? Antes de que le pueda ver sentido, amado lector, vea conmigo el origen del pecado en el Génesis.

Necesitamos considerar algunas cosas antes de poder examinar a detalle el origen del pecado. Lo primero es que la narración escrita vino al pueblo de Israel mediante Moisés como instrumento del Señor, en aquellos años en los que la nación como tal había ya vivido largo tiempo esclavizada. Esto afecta mucho el propósito del libro y sus destinatarios. Nosotros no podremos llegar a la exactitud de todo el contexto cultural e histórico del libro del Génesis, pero teniendo este simple detalle a la mano, lo primero que podemos notar es que la intención elemental del Señor para con su pueblo en este contexto era recordarles que el Dios único y verdadero era quien desde el principio los llamó para ser un pueblo santo, y que las deidades falsas de los egipcios no eran más que invenciones que debían desechar para así apropiarse con firmeza de una identidad puesta solo en Dios. De esta identidad hablaremos más a fondo.

Así que es natural pensar que este pueblo, descendiente de Abraham, de Jacob y de Isaac, muy difícilmente recordase bien quiénes eran, de quiénes fueron tomados. Es en este punto donde hablar del origen de todas las cosas es esencial para la verdadera compresión de este pueblo, en lo tocante a Dios y ellos mismos. Así, cuando vemos al Señor decir que *"todo era bueno en gran manera"*, los israelitas debieron estar gozosos, pero con un sabor amargo al final. Porque si, en efecto, las cosas eran buenas en gran manera, ¿cómo es que ahora ellos estaban en un desierto atravesando infinitud de penurias? ¿Cómo es que fueron esclavizados por gentes tan abominables e idólatras? Las respuestas a estas preguntas hacen del capítulo 3 de Génesis el centro de toda nuestra atención. Pero antes de eso, mucho antes, déjeme hablar un poco sobre la realidad del hombre y su mujer en el huerto del Edén .

Desde el capítulo 1, vemos que "todo era bueno" y ese

"bueno" se refuerza tanto como es posible. Estos énfasis no están en vano. Quieren que los israelitas entiendan que hubo un momento en que todo era realmente bueno. En cuanto a la adoración, que el hombre por naturaleza de su condición de criatura debía a su Creador, no existía ningún problema. Eventualmente, nosotros (creyentes, regenerados por la gracia salvadora del Señor), tenemos muchos problemas a la hora de adorar a nuestro Señor. Muchas veces, por ejemplo, poseemos orgullo, envidia, arrogancia, entre otras muchas cosas, cuando estamos en el culto congregacional. Por tanto, la adoración que debería ser solamente dirigida a Dios se ve interrumpida por nuestros pecados. Pero esto no era ni siquiera pensable en la relación que el hombre tenía con el Señor en el huerto. Simplemente, no existía tal cosa, porque todo era bueno en gran manera; principalmente, la relación del hombre con Dios. Si yo hablase de tener una adoración cien por cien correcta y sin pecado, sería un mentiroso. Pero Adán y Eva, su mujer, sí la tenían.

En cuanto a la relación amorosa y espiritual de Adán y Eva, no tenemos ninguna base para argumentar que tal relación no fuese más que profunda y perfecta. Adán expresó el poema más hermoso que ningún otro ha podido expresar de su esposa en Génesis 2:23. Nadie sobre la faz de toda la tierra podía disfrutar de tan vital y armoniosa relación. Nadie jamás ha imaginado que se pudiese tener semejante relación. Lo mismo podemos decir de la creación en sí misma. Entre los animales y todas las demás cosas, todas sujetas al gobierno de Dios delegado al hombre, llevado a cabo por la asistencia complementaria de su amada ayuda idónea. ¿Podríamos imaginar que la vida haya sido así de indescriptible? Pues lo fue, y aún más.

Misteriosamente (mas no de forma que afectara el perfecto Decreto Eterno de Dios), en este contexto fue que el pecado tuvo su origen en la creación física del Señor. Así, pues, en el capítulo 3 del Génesis vemos una gran estafa que dio origen a la codicia en el corazón de Eva, situación en la que

Adán no hizo nada más que sucumbir juntamente con ella. No quiero enfatizar cada suceso del capítulo tres del Génesis, pero esencialmente esto fue lo que ocurrió: el hombre (ser humano) deseó ser Dios. Deseó, de hecho, destruir a Dios. Se rebeló contra su gobierno. Pensó que podía usurpar el lugar Altísimo del Señor. Esta vana ilusión, vendida por la serpiente, no produjo sino todo el caos que ahora vemos, pero no escapó de ninguna manera al Decreto Salvador de Dios. Envuelto en la vergüenza y caído el velo de la inocencia, el varón fue despojado de aquella perfecta comunión y adoración que le era natural dar y tener con su Hacedor. Con relación a su esposa y a la creación que, como siervo de Dios, estaba dispuesto a gobernar, también vemos un profundo declive.

En este contexto del origen del pecado, también vemos el origen del egoísmo en la relación marital. Dios le dice a la mujer, en el verso 16, que el deseo de ella sería dominar a su marido y someterlo, pero que finalmente su esposo haría lo propio con ella. Este es parte del juicio por haber creído a la mentira y por considerar sabia su propia opinión antes que la de Dios y la de su marido, que, como vemos, no cumplió con su rol frente a este acto de desobediencia. Sin embargo, del marido no vemos este trato hacia su mujer, sino después de la caída. Aquel poema que recitó al verla se convirtió en: "La mujer que me diste…". Desde entonces, las relaciones gozan de ese toque natural de egoísmo, y todo se torna sobre las demandas que el uno tiene sobre el otro. Así, vemos que todas las cosas, que eran buenas, vinieron a ser sobremanera malas.

Una vez que el egoísmo es la vara que rige toda relación, habiendo ya afectado la comunión de adoración al Señor, el hombre pierde su identidad. Ya no vive para aquello que fue diseñado que viviese.

Ahora, como consecuencia del pecado que vimos en su origen y la entrada del egoísmo, añadimos que el hombre ha perdido su identidad, crucialmente porque su sentido de criatura que adora, por tanto, a su Creador, se ha perdido. Con identidad, pues, me refiero explícitamente al conocimiento exacto que el hombre posee sobre quién es él, y quién es Dios, su Hacedor. Perdidos estos dos elementos a causa del pecado, nos volvemos egoístas a causa de lo mismo, y ya no tenemos ni idea de quiénes somos, ni mucho menos de quién es Dios. De aquí en adelante los problemas existenciales parten de esta búsqueda de identidad que el hombre, por su propio pecado, está inhabilitado para recuperar, ya que, en su deseo de ser su propio dios y juez, se pierde en adorarse a sí mismo. Lamentablemente esto es lo que procedió al pecado.

En suma, esta identidad perdida, al no estar satisfechos en ser adoradores del Señor, siendo siervos suyos sobre Su creación, conduce, inevitablemente, a dejarnos en una situación de completa inseguridad. Si tener las cosas claras, saber quién es Dios y quiénes somos nosotros nos da identidad y propósito, y por lo tanto seguridad, entonces perder la identidad, al perder de vista quién es Dios y quiénes somos nosotros, a la sazón caemos en la inseguridad total, siendo que hemos sido desprovistos de lo que necesitábamos para vivir: Dios en sí mismo. Estando ya en esta situación, perdemos el propósito por el cual vivir y nos acontece la decadencia moral que es tan palpable como el mismo suelo que pisan nuestros pies.

A la vista de este trágico panorama, nos espera una gran depresión y una vida libertina como escape o refugio.

Por tanto, aquí podemos ver que la ansiedad que muchas veces nos conduce a esa sensación de soledad no es más que una desesperada búsqueda de identidad, propósito y adoración. Siendo así, déjenme que escriba que la tesis de este capítulo en relación a la soledad es que:

"La soledad es el resultado final de estar alejados de Dios".

La ansiedad, descrita como un alma insatisfecha, tiene

origen en que fuimos hechos para adorar a Dios, pero el pecado nos alejó de este propósito que arroja identidad a nuestras vidas. Es, en la medida que nos acercamos a Dios y entendemos que no somos de nosotros mismos, que la ansiedad y soledad se verán disipadas. Sin embargo, el pecado ofrece algo más inmediato y egocéntrico. El pecado definitivamente nos aleja de Dios. Por tanto, nos sentimos solos y en ansiedad.

El silencio

En el primer capítulo, concerniente a este apartado, aprendemos que el estar "ensimismado" es netamente una manifestación de ese corazón egoísta que desde la caída nos caracteriza. Con el "silencio" en que se encuentran tales corazones, apagan las opiniones y la vida de los demás, ahogando lentamente la propia. Hallarse de tal modo en que las vidas de los demás no importan es escrupulosamente egoísta. Lo es también usar a las personas solo para alcanzar lo que se desea de manera egocéntrica. Ese silencio en que suelen estar estas personas ensimismadas no es más que encerrarse en sus propias mentes y corazones con el único propósito de servirse a sí mismos. Como vemos, esta es una consecuencia grave del pecado.

Este estar "ensimismado", siendo que es un reflejo del corazón egoísta, tiene una forma muy perspicaz de camuflarse, o hacerse pasar por "alguien noble", a saber: la victimización. Dicho de otro modo: no reconocer en ninguna circunstancia que no siempre se trata de mí. Antes, hacer que todo gire en torno a mí, siendo yo mismo el "más" necesitado de atención. Hay un punto en que ciertamente todos necesitamos atención. No me estoy refiriendo a esos casos. El asunto radica más en el corazón que solo piensa en sí mismo y como herramienta usa la victimización. La victimización lleva a las personas, entre otras cosas, a no reconocer que ellos también tienen una parte que suplir en aquello que en su egoísmo demandan.

Egoísmo, ensimismarse, victimarse y desinterés hacia los demás son elementos del "silencio" en que se encuentran quienes viven así, en esa melancólica soledad. Anímelos a procurar el bienestar del otro, y verá qué tan eficazmente empiezan a hablar de sus limitaciones. Ínstelos a atender las necesidades de quienes los rodean, y observen cuán rápido prestan una excusa.

Estar ensimismado y ser egoístas, al final de cuentas, tiene una causa real: el hombre solo culpa a Dios por sus desgracias e insatisfacciones.

Por esta razón, bien sea directa o indirectamente, quienes así viven y se ahogan en sí mismos y en su propia soledad odian a Dios. En el fondo, solo tienen resentimiento y frialdad para con Dios. "La mujer que me diste", dice Adán, antes de pedir perdón por su pecado. ¡Oh, profunda tristeza la que deja esta verdad! Es natural que una persona que vive así no pueda gozar de un tiempo a solas con Dios, ni pueda procurar el bienestar de quienes le rodean. Es natural, porque a eso conduce todo su egoísmo, su silencio, su soledad.

"Soledad que es el resultado final de estar alejados de Dios".

El sinsentido

Nada en este mundo caído deja la sensación de "sinsentido" más profunda que la muerte. Es inverosímil pensar que nacer tenga su unión inherente con el morir. Que ver la luz es parte de un momento previo a ya no verla más. Considerar la vida como un camino hacia la muerte es como si todo lo que tiene brillo se apagase inmediatamente. Con toda razón la pérdida de nuestros seres queridos afecta tanto nuestro corazón. La reacción general hacia la muerte es, entonces, el sinsentido.

Los jóvenes no solemos pensar mucho en esta realidad, porque quizá la mayoría gozamos de toda la energía y del entusiasmo que nos deja aspirar a cosas que pensamos, de manera un tanto ingenua, que son el fin de nuestras vidas. Cuando ella (la muerte) avisa repentinamente de que nadie, ningún ser humano descendiente de Adán, puede obstruirla, algunos nos detenemos y pensamos más seriamente sobre este asunto. Como conclusión, algunos se apresuran a hacer todo lo que sus pasiones les impulsan a hacer, mientras que otros se privan del hacer y se detienen por largas horas en la tristeza y el desánimo. De cualquier manera, es inevitable tener una reacción frente a la muerte. Estamos huyendo de caer en la tristeza, entretanto que tropezamos con distracciones sin poder escapar con éxito de este sinsentido que castra nuestras mentes al pensar que hemos de enfrentar el dolor y la pérdida.

Honestamente, no estoy escribiendo de forma pesimista, solo estoy tratando de reflexionar sobre las causas que engendran la soledad en nuestras almas. Porque de esa manera espero traer mi alma, y la de mis lectores, al Único que puede darnos vida más allá de la muerte. Sin embargo, recordemos que en el huerto del Edén se pronunció una advertencia estricta hacia el pecado y la desobediencia. Recordemos, pues, que la muerte es un juicio de Dios sobre nuestro pecado. *"El día en que de él comieres, ciertamente morirás"* (Gn 2:17), dijo el Señor a Adán, hablando del fruto del conocimiento del bien y del mal, que luego la serpiente propuso como una ventaja que Dios les estaba limitando alcanzar.

Entonces, lo que era una advertencia de muerte, la serpiente mentirosa lo hizo ver como una mera prohibición "egoísta" de parte de Dios: "¿Por qué deberías seguir el consejo de un 'Dios' tan aguafiestas?", propuso la serpiente. Luego, lo que el pecado hace en el corazón del hombre, y los pensamientos diabólicos que suelen guiarlos, es considerar que este juicio de muerte es una obra injusta e innecesaria de Dios. El hombre, en su pecado, culpa a Dios por las consecuencias de su desobediencia. El juicio de Dios sobre el pecado, a saber, la muerte, deja ver que lo que el hombre pretendió alcanzar por sí mismo le resultó en fracaso y desdicha.

El juicio de Dios sobre el pecado le enseña a Satanás y al hombre que EL ÚNICO DIOS VERDADERO ES DIOS, Y NO HAY NADA NI NADIE QUE PUEDA HACERSE SOBRE ÉL.

De hecho, la sola idea queda polvorizada con este juicio de muerte. No así, y a pesar de ser tan evidente, el hombre solo culpa a Dios por las consecuencias de su propia iniquidad. En efecto, el sinsentido luego nos lleva a esa sensación precaria del alma llamada soledad.

"Soledad que es el resultado final y triste de estar alejados de Dios a causa de nuestro pecado".

La incertidumbre

No hay necesidad de seguir remarcando que las cosas en este mundo, en este desolado mundo que nos dejó la vanidad y la pretensión, la arrogancia y el pecado, son inciertas e inseguras. En un juego de palabras, podemos decir, como rezan algunos filósofos muertos, "lo único que tenemos seguro es lo inseguro".

El hombre, desde la caída en el Edén, no conoce la seguridad, sino la incertidumbre. He demostrado las cosas existenciales que nos llevan a la sensación de la soledad, enfatizando que el pecado es la esencia de ella. La distancia, que nunca existió sino hasta el pecado, vino a ser tan infinita y, aunque el hombre sabe que las cosas no están como debieran, que hay algo que no puede explicar y que, sin dar en el blanco, puede concluir que esta situación no es la que intrínsecamente se aspira por su parte; a pesar de todo esto, el hombre sigue culpando a Dios. El hombre no mira su propio pecado. El hombre, muerto en delitos y pecados, jura que es otro hombre, que es Dios el autor de toda esta situación. Buscando así dónde ocultar su maldad, se encierra en sus razonamientos ajenos a la luz. Aunque sea tan evidente, aun así, el hombre, ante la incertidumbre que lo atemoriza, sin importar lo inciertas que son todas las cosas en este mundo, coloca en las cosas temporales su confianza.

¿Qué es aquel intento de coger el aire y encerrarlo en una botella? Es el hombre buscando certidumbre en lo pasajero. Existencialmente hablando, el pecado ha desviado la cosmovisión del hombre al grado en que, por mucho que razone, siempre busca poner su confianza en aquello que por unos instantes puede probarse: dinero, juventud, familia, metas, autorrealización, belleza, una buena conducta moral, etc. "¿Dónde dice la Biblia que estas cosas son inherentemente malas?", preguntará alguno. En ningún lado, respondo. Abordamos el asunto del pecado como causa real de todas las experiencias humanas que hasta ahora hemos retratado, conscientes de que el pecado es la esencia de todas estas cosas, y que, sobre todo, nos deja en la agonía de la soledad insospechada. Y a pesar de que la odiemos, pareciera que estamos condenados a acostumbrarnos a vivir en ella. Pero esto ocurre, ya que el pecado, en la incertidumbre, hace que el hombre, antes de buscar lo eterno, busque lo temporal.

Aquí comenzamos a ver el pecado manifestarse de manera exponencial. Si todos vamos a morir, y todos hemos de rendir cuentas a Dios, ¿por qué poner nuestra confianza en cualquier cosa que de este mundo podamos recibir? La sensatez que es nacida de Dios me lleva a considerar nuestra vida como nada, con el fin de ganar a Cristo, así como en efecto lo hizo el apóstol Pablo, el cual, una vez recibida la gracia para creer, entendió que nada ni nadie podía darle sentido al sinsentido; certidumbre a la incertidumbre. Por tanto, el problema no es lo temporal. Muchas de estas cosas, incluso, nos son dadas por Dios. El problema real es que, por causa del pecado, ante la incertidumbre de la vida y lo pasajero de la misma, el hombre se aferra a ella. El mensaje final de estas actitudes es: Dios no es importante. Yo sí lo soy. Amados, si esto no es en efecto una actitud pecaminosa, entonces no sé qué lo será. La inoportuna incertidumbre, si ponemos en lo temporal nuestras esperanzas, solo nos ahogará en mayor soledad. Sí.

"Soledad que es el resultado final de estar alejados de Dios a causa de nuestros pecados".

El abandono

De manera simple, y en línea con lo sostenido de la soledad como una consecuencia de estar alejados de Dios a causa del pecado, podemos afirmar que ser abandonados o abandonar es exactamente fruto del pecado que venimos tratando. Ser abandonados o abandonar es amargamente triste. Pero, sin la entrada del pecado en nuestros corazones, no habríamos de vivir tal experiencia. Y, en lo que se refiere a Dios, honestamente, fuimos nosotros los que Le abandonamos, menospreciando sus palabras y ordenanzas con que habitásemos en armonía bajo Su gobierno. Cuando nos rebelamos en Adán; cuando Eva escuchó a la serpiente antes que a Dios y a su esposo; cuando esto ocurrió, literalmente, abandonamos a Dios y pensamos que, ingenuamente, íbamos a vivir tranquilos después de hacerlo.

De esta manera, en la psicología dirán que el hombre es víctima de estas emociones y realidades, pero en la Biblia vemos que en realidad no es así. Nosotros fuimos los victimarios. Por lo tanto, y por muy duro que esto sea, si nosotros abandonamos a Dios, ¿qué no haríamos para con nuestros semejantes?

Luego, cuando "sufrimos" la experiencia de ser abandonados, muchas veces, como cuando somos heridos, herimos a los demás. En este caso, es verdad que el abandono puede ser totalmente real, pero de allí a que nosotros paguemos mal por mal es un asunto completamente distinto, aunque desde luego, natural de nuestra propia situación. ¿Por qué pues, abandonamos? Porque hemos sufrido el abandono. Quizá hemos aprendido a vivir con el miedo de cruzar otra vez la experiencia de ser abandonados, y antes de que nos ocurra, abandonamos. En este punto, la cobardía y la "timidez" suelen camuflarse. Vendemos una "causa" que justifique nuestros abandonos porque no queremos asumir la responsabilidad que se nos otorga. Cabe aclarar que estoy abordando el asunto desde la perspectiva de las relaciones interpersonales, sean de la clase que estas sean. Es necesario que nos reconciliemos con el Señor antes de pretender ser fieles en nuestras relaciones.

Al no estar reconciliados con Dios, el hombre, tras él ser abandonado o abandonar, se vuelca sobre las cosas que jura le dan una salida rápida. He de tratar ahora con los pecados y vicios que hunden nuestros corazones si estos no vuelven al hogar: pornografía. Este pecado puede ser tratado naturalmente desde la lujuria y nada más. Pero me atrevo a enfocarlo desde la sensación de ser abandonados porque, en nuestro corazón, hay una sensación de soledad muy profunda cuando nos sentimos abandonados; entonces, la pornografía luce como un escape al que, sin afectar a "nadie", podemos desconectarnos un poco de la sensación tan abrupta que vivimos. Este es el engaño real: La pornografía no es un acto sexual verdadero y, por lo tanto, no es un refugio ni un lugar seguro. Es tan ridículo pensar que pueda serlo. Pero, ¿nuestro corazón conoce límites para ser engañoso? La respuesta es evidente.

Con respecto de la lujuria, bien podríamos afirmar que es, nuevamente, consecuencia del pecado en que vivimos (como seres humanos). La lujuria, pues, es el deseo desenfrenado de intimar con otra persona o contigo mismo. De aquí que todo tipo de perversión sexual tenga su lugar. Pero, cuando se consume pornografía por ser abandonado y sentirse "en soledad", aquí la cuestión es diferente. Se puede decir que es como estar en el fondo de un hoyo, y pensar que el consumo de pornografía es salir del hueco solo para darse cuenta de que se ha hundido más.

Pero la pornografía es tan solo el principio. Los pecados suben de tono con el paso del tiempo. Si el corazón no vuelve al hogar, solo comienza por un bocado y termina devorando todo a su paso. Las fornicaciones, los adulterios, el alcoholismo, las malas compañías, las drogas, la homosexualidad, el lesbianismo y toda clase de inmoralidad y distorsión sexual, así como los vicios en general y un sinfín de cosas más, comienzan por aquí.

Si la pornografía desvirtúa la genialidad y pureza que el Señor ha otorgado al vínculo más íntimo del matrimonio, el acto mismo de la fornicación no puedo ni siquiera imaginar lo que hace. No obstante, hablar del adulterio me sería una prueba casi insoportable de llevar. ¡Cómo reaccionar cuando la Biblia nos acusa de estos pecados! Definitivamente necesitamos volver al hogar. Es urgente.

La homosexualidad, que se quiere vender como "normal", el lesbianismo, así como otras detracciones, lamentablemente destruyen cualquier tipo de "cordura" que el hombre pudiera aún tener luego de la caída. Pero, por favor, solo déjeme hacer mis últimos comentarios sobre las malas compañías.

Sea la causa que sea, por la que un día llegaste a vivir o sentir el abandono que te hundió en la soledad y que, por consecuencia, quieres escapar, no creo que haya un momento más crítico para la entrada de malas compañías sino cuando una situación desagradable entra en tu vida. Hagamos un caso imaginario. Supongamos que eres un chico o chica de unos 15-17 años que ha vivido una niñez "normal". Pero, aunque todo haya sido entre comillas normal, llevas mucho tiempo sintiendo el abandono paterno o materno. Pudiera ser que papá o mamá no se han ido físicamente, pero vivimos la sensación de que en lo tocante a nuestras realidades como jóvenes ellos nunca estén presentes. Ahora, hagamos el ejemplo de que tenías algunas amistades de la iglesia, pero no eran profundas. Entonces estás allí, preguntándote qué será de tu vida si sigues así. Para este momento ya quieres vivir algo diferente. Sin estar buscándolo, entran compañías que te incitan a divertirte. No lo piensas dos veces. Se te cruza por la mente una presión en el pecho de que estas traicionando de cualquier manera a tus padres, intuyendo que lo haces también con Dios, pero no le prestas suficiente atención.

Sigues adelante con el pensamiento de que ni tus padres están allí, ni mucho menos Dios. De aquí en adelante, estimados lectores, ya saben lo que sigue. La vida en pecados de inmoralidad tiene su inicio. La conciencia que un día podía detenerte de hacer el mal que hay en ti se va, y la voz de tus padres, que nunca fue fuerte sino hasta cierta edad de la niñez, desaparece. ¿Qué harás para retroceder? Los jóvenes no piensan en esto, sino solo cuando es muy tarde. Pero, si volvemos al hogar, a Cristo, entonces podremos vencer la soledad. Sí:

"la soledad que fue la consecuencia directa de estar alejados de Dios a causa del pecado".

En Cristo podemos volver a reconciliarnos. ¡Oh, corramos a Cristo ahora! ¡Amén!

Demanda de amor

Antes de la caída, cuando la comunión del hombre era buena con Dios y con la creación, no podemos sino maravillarnos de tanta perfección y armonía en todas las cosas. Todo era perfecto porque el propósito del hombre era llevado a cabo sin estorbos. El amor de Adán sobre su mujer era más que puro; era complementario, de manera que daba propósito al hombre. Adán era feliz amando a su esposa, sirviendo al Señor en el huerto. Nunca habría pensado que el amor pudiera traer alguna aflicción al alma hasta que el pecado entró. Fue allí donde la guerra empezó.

Génesis 3:16 dice:

> "A la mujer dijo: Multiplicaré en gran manera los dolores en tus preñeces; con dolor darás a luz los hijos; **y tu deseo será para tu marido**, y él se enseñoreará de ti" (Énfasis en negrita añadido).

Tradicionalmente cito la RV1960, pero miremos el mismo verso en la traducción de la N.T.V.:

> "Luego le dijo a la mujer: "haré más agudo el dolor de tu embarazo, y con dolor darás a luz. **Y desearás controlar a tu marido**, pero él gobernará sobre ti"" (Énfasis en negrita añadido).

En cierta medida, según el relato del Génesis, fue la mujer la que, en sí, fue engañada. Fue en ella, ciertamente, que se encontró el deseo de ser Dios o ser superior. Digamos que de esto el varón es igualmente culpable, pero, según el relato, fue a la mujer que Dios juzgó por causa de este deseo equivocado de rebelión. El juicio temporal fue este: *"darás a luz con dolor"*. Y así, como el hombre ahora tiene dolor en su trabajo, la mujer en sus partos. Pero hay un juicio más del que solemos pasar por alto: el deseo que la mujer tuvo sobre Dios, tras la caída, se hace sobre su marido. Y hasta este punto, la mujer solo sigue el curso de sus deseos. El juicio es este: *"él se enseñoreará de ti"*, *"él gobernará sobre ti"*. Cabe destacar que dicho dominio del varón sobre su mujer no sería sino uno distinto al que debía tener, a saber: amoroso. Su dominio ahora es como quien está en una pugna contra su propia mujer.

El pecado trajo guerra a la vida amorosa.

Antes del pecado, tenemos el amor cuyo propósito era glorificar y servir a Dios. Luego de la caída, el amor deja de ser tal para convertirse en una demanda. Sin Dios ni esperanza de reconciliarse con Él, esta demanda, como vimos en el capítulo anterior, solo es el grito desesperado de las almas alejadas del propósito por el cual fueron creadas. Los pecados que se derivan de esta demanda no tienen fin. Algo es cierto: lo que un día pudo llamarse amor, esta demanda enferma de perdón, revestida de rebelión, lo ha tornado en odio y venganza; repudio e idolatría. Todos, escapando de sus propias ruinas, huyendo de la soledad. ¡Oh, soledad que fue y es la consecuencia de pretender alcanzar el bien fuera de Dios y en cambio, ¡ahoga el alma!

"Soledad que es estar alejados de Dios".

El sufrimiento

En palabras llanas: el sufrimiento es parte del juicio a causa del pecado.

> "Y al hombre dijo: Por cuanto obedeciste a la voz de tu mujer, y comiste del árbol de que te mandé diciendo: No comerás de él; maldita será la tierra por tu causa; con dolor comerás de ella todos los días de tu vida. Espinos y cardos te producirá, y comerás plantas del campo. Con el sudor de tu rostro comerás el pan hasta que vuelvas a la tierra, porque de ella fuiste tomado; pues polvo eres, y al polvo volverás" (Génesis 3:17-19).

No podemos afirmar, pensar o intuir que el propósito de la creación sea para este fin. El sufrimiento no es la causa directa del diseño de Dios para cada uno de nosotros, ni mucho menos. Tengo que aseverar que nosotros hemos traicionado al Señor y hemos defraudado todas las cosas que estaban dispuestas para nosotros. Literalmente rompimos las cuerdas del amor con que Dios nos creó. Su juicio, a causa de nuestro pecado, manifiesta que, a pesar de amarnos y habernos creado en amor, Él es Justo y Santo. No tolera el pecado y la desobediencia. El sufrimiento es directamente una experiencia humana tras la caída y el pecado en nuestros corazones. Con esto, no estoy escribiendo de forma fría e indiferente. Ojalá el lector entienda que mi deseo es ser empático con este tema que he estado tratando, porque mi deseo final es que encontremos en Cristo las respuestas más sublimes y apacibles. Las cuales, si recibimos por la fe, entonces, en el mismo sufrimiento que nos es por juicio encontraremos gozo, al entender que, pese a nosotros mismos, el Amor de Dios en Cristo Jesús es superior a nuestro pecado. ¡Amén!

Sin embargo, la Santidad de Dios debía haber consumido en su ira al primer hombre. Puedo detallar una gran benevolencia en el relato del Génesis. Primero, en el verso 8, el Señor aparece rodeando el huerto donde naturalmente puede estar en comunión con el hombre y su creación. Pero Adán y Eva escucharon la voz del Señor y les entró un pánico que hasta entonces era desconocido. La reacción inmediata fue: "esconderse".

En su benevolencia, Dios llama al hombre, al varón y representante de la creación de Dios en la tierra, y le pide cuentas de lo que estaba ocurriendo. En esto se manifiesta gran benevolencia, ya que, en primer lugar, Dios no necesita que nadie le dé informe de lo ocurrido. Él es Omnisciente. Es evidente que Dios espera que el varón, muy a pesar de lo que ya había hecho, pidiera perdón y se arrepintiese, pues había hecho exactamente lo que Dios le dijo que no hiciera, so pena de muerte. Dios le pregunta al hombre dónde estaba y su respuesta fue: "tuve miedo". ¿Por qué temer? La relación entre Adán y Dios entra en una ruptura. Ahora el hombre tiene miedo. Pero, aquel que no ha roto la ley, a la Santidad del juez no debe temer. Adán, de hecho, estaba muerto de miedo. El verso 10 asegura que la presunta causa de miedo era la desnudez, pero nosotros sabemos que eso nunca fue un problema, pues el mismo autor del Génesis aclara que, antes del pecado, Adán y su mujer andaban en el huerto sin necesidad de ropa o vestido, y esto nunca supuso ningún problema en la relación del hombre con Dios y su mujer, y la de mujer con Dios y su hombre.

En sí, Adán solo está dando vueltas, porque no quiere dar la cara acerca de lo que él y su conciencia le empiezan a acusar ante la Santidad de Dios, manifiesto en el mandamiento que antes Adán había guardado con diligencia y amor.

Dios, insisto, antes de fulminarlo, es paciente, pero no indulgente. Le pregunta cómo ha venido a tener vergüenza por esto de estar desnudo. La pregunta, por demás, es sumamente interesante, debido a lo que hemos comentado: eso nunca había sido un problema. Finalmente, en el verso 11, Dios señala directamente al corazón de esta prematura situación. "¡¿Has comido, oh, Adán, has comido del árbol del que te dije que no debías comer?!". Básicamente, esta expresión, en mi humilde observancia, es como Dios, en Su clemencia y amor, retiene Su mano de Su juicio, y casi que suplica a Adán que confiese su pecado de forma tal que se humille al mismísimo polvo y la ceniza, cual Job. Pero Adán tiene una mejor y más brillante idea, un perfecto salvoconducto: "La mujer que me diste… es ella… ella es la culpable. A mí ni me mires. Al fin de cuentas, quien me trajo a esa mujer fuiste Tú. Incluso yo estoy libre de culpa. No sé, quizá debiste haber pensado antes de haber hecho esto, ¿no crees?". El verso 12 es, por así decirlo, el comienzo de la búsqueda de culpables. Y digo comienzo porque, tan pronto Dios se dirige a la mujer, esta dice: "La serpiente…". En fin, ¿quién es el culpable? ¿El hombre? ¿La mujer? ¿Satanás el diablo? ¿Alguno osa decir que Dios?

La tragedia del pecado hace que el hombre y la mujer no reconozcan su pecado. La búsqueda de culpables es siempre la respuesta a todo lo que anda mal. El problema es que cuando el hombre no encuentra culpables, directamente culpará a Dios. De esta manera, el hombre, antes de humillarse, se exalta a sí mismo. Hasta este punto, los hombres, al día de hoy, tienen distintas filosofías y pensamientos acerca de Dios. En dichas filosofías hacen a Dios culpable. Comienzan a pensar: "Si Dios hizo todas las cosas…"; "i Dios es Dios, entonces…"; "Dios entonces nos ha abandonado"; "¿Cómo puede existir tanta maldad?".

Concluyen, algunos, por su parte: "Lo importante es vivir y ser feliz"; "Hay que vivir el aquí y el ahora, porque eso es lo único que realmente existe"; "De lo que soy hoy, eso soy. Del mañana no tengo mayor preocupación. El juicio o el infierno, la vida eterna o el cielo, esos son cuentos fantasiosos.

Nadie nos ha demostrado que sean reales". "La vida es un ciclo. Un día estás arriba, otro abajo. Maldito sea el que nos hizo para esta desdicha tan grande"; "El sufrimiento no tiene nada de impersonal o personal. Sufrimos porque debemos aprender que, si algo es bueno, eso es vivir, y no hacer mal alguno. Al menos, cuando muera, quiero que alguien recuerde que hice algo positivo por la vida". De esta manera, unos se fijan en las rosas, otros en las espinas. El hombre, así de muerto, ante el sufrimiento, se vuelve positivista o pesimista.

Algunos piensan en Dios, y cuando lo hacen, lo hacen para reprimir sobre Él sus enojos, atribuyéndole la causa de todo su sufrimiento. Otros simplemente ignoran por completo cualquier deidad y se hacen a la idea de vivir la vida como vaya viniendo. ¡Qué más da el resto!

Estos son, amados lectores, a grandes rasgos, las reacciones pecaminosas que el hombre tiene en relación al sufrimiento notable de nuestro mundo y la vida en este siglo malo.

¿Pueden, con ello, escapar de la soledad que ahoga sus almas? ¡Oh, la soledad los atrapa en sus propias redes de autoengaño! Todo con el fin de negar su pecado. Nuestro pecado. Es el pecado. El pecado que nos lleva a la horrenda experiencia de sentirnos ajenos a Dios y alejados de Él. La soledad es el resultado de estar alejados de Dios. Esto solo produce muerte y desgarra el alma. A pesar de todo, hay una esperanza que alegra el alma del que por la fe puede aferrarse a Cristo y despojarse de sí mismo. La paradoja de cómo Dios trabaja en el corazón duro del hombre es que, mientras este se humille, es exaltado; mientras que, si se sigue escabullendo o exaltando su propio ego, es y será humillado.

Hasta aquí, espero haber presentado delicadamente algunas de las cosas más importantes en relación a la soledad y cómo esta nos agobia y nos aleja de Dios. He ido al origen del problema, porque espero profundizar y hablar de la maravilla de la solución amable y benevolente provista por Aquel que es quien, como ningún otro, ha sido ofendido por

nuestro pecado. Hablemos, pues, de quien es el autor de todo Bien. Hablemos de Cristo.

Capítulo 3:
De vuelta a casa

Vuelta al abrigo paterno

Hay una expresión que estimo necesaria en este punto:

> "El que habita al **abrigo** del Altísimo Morará bajo la sombra del Omnipotente" (Salmos 91:1. Énfasis en negrita añadido).

Hemos estado hablando de asuntos profundos; expresiones de la soledad como consecuencia del pecado y de nuestra distancia a Dios. Si podemos decirlo de este modo, nosotros hemos perdido el "abrigo" paterno de Dios. ¿Cómo experimentar seguridad lejos de casa? Hay casos en que incluso el estar en casa es estar inseguro. Entonces, ¿se puede estar bien en la casa de Dios? Si Él es el ALTÍSIMO, estoy seguro de que debería estar bien, saciado y seguro en Él.

Ciertamente hemos visto la vida del hombre antes de la caída, cuando estaba bajo el abrigo paterno del Dios Trino. En Génesis ya hemos visto que *"todo era bueno en gran manera"*. Se podía estar seguro allí. De hecho, literalmente estaban bajo el abrigo del Omnipotente. La relación de un niño en brazos de sus padres, los cuales cuidan de él y en donde cada uno hace lo suyo para proveerle tanto en lo físico como en lo espiritual, es más o menos la relación del hombre cuando el cuidado de Dios era sobre él y su mujer. De nada tenían necesidad. Era estar bajo el abrigo del Omnipotente Padre Fiel. Nosotros no tenemos la capacidad de imaginar las expresiones del Génesis con respecto a esa vida previa a la caída. Hablamos de ello solo como quienes creen lo que la Escritura dice, porque, en efecto, es verdad la suma de toda ella. Pero la experiencia no nos acompaña en esto. Si decimos que la vida era como la de un niño en los brazos de sus padres, aún es una ilustración vaga, puesto que hoy en día ese niño, por todo el cuidado que hagan los padres, está y siempre estará expuesto a los peligros de vivir en un siglo presente malo. Adán y Eva vivían en un siglo BUENO, y estaban bajo el abrigo paterno del Dios Trino. Es decir, ellos sí que pudieron comparar qué era la vida antes de su pecado.

Nosotros solo vemos que hace parte natural de la vida que los seres humanos, alejados del abrigo del Omnipotente, anden como quienes necesitan IDENTIDAD. Hemos hablado de esto a lo largo de todas las reacciones pecaminosas en el capítulo anterior. Al final, el pecado dejó al hombre desprovisto del abrigo de Dios y, al hacerlo, hemos perdido nuestra identidad. La soledad como consecuencia de estar lejos de Dios por causa del pecado hace que el abrigo del Padre sea tan entrañable para el hombre, cuya identidad se ve del todo distorsionada. Lo más preocupante de todo esto es que si nosotros no tenemos nuestra identidad en el Omnipotente, como hemos visto ya en el apartado anterior, la degradación moral vendrá acompañada de innumerables e innombrables pecados. Sin el abrigo paterno divino, nuestra identidad es cualquier cosa que, aparentemente, satisfaga el corazón. Un corazón que, sin embargo, solo puede ser plenamente satisfecho en Dios. A la sazón, el hombre nunca encuentra seguridad en nada.

¿No te parece razonable que, si el hombre no está bajo el abrigo del Omnipotente, esté, por consecuencia, inseguro? La búsqueda de identidad realmente es la búsqueda de nuestra seguridad. Entiende, amado lector, que lo que el enemigo vende en lugar de estas cosas no puede proporcionar al hombre (ser humano) lo que este realmente necesita. Sin embargo, no en vano es "padre de mentira", presentando como verdad la falsa ilusión de alcanzar fuera de Dios lo que solo el abrigo de Dios puede propiciar: identidad. Un alma segura.

Ahora, en cuanto a la seguridad, hablamos de esto no solo con respecto a los peligros que enfrentamos fuera del abrigo del Omnipotente, sino de no saber exactamente aquello para lo que fuimos hechos. Y en efecto, Adán supo muy bien que él fue hecho para *"glorificar a Dios y disfrutarlo por siempre"*[3]. Cuando creyó la mentira, creyó que podía en sí mismo darse seguridad. El problema, para nosotros, es que nosotros no somos Dios. Y, digo esto, porque solo Dios puede dar seguridad e identidad. Remplazar esto, que fue lo que hicimos en Adán, es pretender darnos identidad y seguridad en nosotros mismos. ¿Captas la esencia de este problema? Nosotros no somos Dios. Nosotros perecemos como la hierba (en el cuerpo). Sin duda, hay graves asuntos de seguridad al estar alejados del abrigo del Señor. No tenemos identidad, nos hace falta la seguridad. Súmale a esto: ¿cuál es, pues, el propósito del hombre? No parecerá tan raro que el hombre esté tan lejos del hogar, ¿verdad? El propósito del hombre que no tiene su identidad en Dios y por ende su seguridad arraigada en Él puede ser el que se le antoje. De aquí que los oficios que el hombre pueda desarrollar, los logros que pueda obtener, las relaciones que haga, o cualquier otra cosa, tenga para él un propósito de vida. ¿De qué pecado estamos hablando cuando el hombre no hace aquello para lo que fue hecho? ¿Cuál es el pecado que viene tras la pérdida del propósito del hombre? Al poner su propósito de vida en cosas que son pasajeras, ¿en qué se vuelve el hombre? Sí, en idólatra. Dicho desde una perspectiva más antropológica: egolatría. ¿Podemos estar realmente bien, fuera del abrigo del Omnipotente? Cualquier pretensión que responda afirmativamente viene del diablo y de nuestra egolatría.

Hermanos, hemos caído a este estado, porque con el pecado, el hombre fue echado del "abrigo" o favor del Omnipotente.

"Echó, pues, fuera al hombre, y puso al

---

[3] Alusión al catecismo menor de Westminster: *P. 1. ¿Cuál es el fin principal de la existencia del hombre? R. El fin principal de la existencia del hombre es glorificar a Dios, y gozar de Él para siempre.*

oriente del huerto de Edén querubines, y una espada encendida que se revolvía por todos lados, para guardar el camino del árbol de la vida" (Génesis 3:24).

El pecado nos arrojó lejos de todas las delicias de vivir para Dios en gozo y dicha. Nos despojó de tener identidad, seguridad y propósito en Él; y la egolatría promovida por Satanás fue creída por nuestros corazones corruptos, que no pueden darnos nada, tan solo la ruina.

Preguntémonos ahora: ¿qué es lo que realmente le hace falta al hombre? ¿Necesitas más de ti? ¿Más pecado? ¿Más egolatría? Nuestra necesidad es estar en paz con Dios, reconciliados con Él. Pero, ¿cómo? Si fuimos echados del huerto…

La enemistad debe ser abolida

Para volver a casa, para estar bajo el abrigo del Omnipotente, necesitamos entender que es contra Él que nosotros, tú, yo, hemos pecado. ¿Quedan dudas de que la soledad y todos sus vicios son a causa de nuestro pecado? El hombre no está en amistad con Dios. Pero, peor, Dios no está en amistad con el hombre. Pregunta, y muy seria: si el hombre no está en amistad con Dios, ¿afecta esto a Dios? ¿De cualquier manera Dios se vería en aprietos porque el ser humano esté en enemistad con Dios? Hay un texto que me parece adecuado para esta ocasión. Observe:

> "Porque en él (en Cristo) fueron **creadas todas** las cosas, las que hay en los cielos y las que hay en la tierra, visibles e invisibles; sean tronos, sean dominios, sean principados, sean potestades; **todo** fue creado por medio de él y para él" (Colosenses 1:16. Énfasis y comentario añadido).

Si el hombre levanta su puño contra Dios ¿qué? Me gusta mucho que el apóstol Pablo enfatiza «"todas las cosas»". En este texto entendemos que el apóstol Pablo se refiere a Dios Hijo como el autor de todas las cosas. En otras palabras: la voz del Génesis, que es la del Padre, fue ejecutada por el Verbo que, venido el tiempo, se encarnó. Ahora, me gustaría poner la atención en la expresión "todas", aludiendo a "todas las cosas". Lo que está más allá de lo visible e invisible fue hecho por Cristo. Pero, cuando dice "todas", yo inmediatamente quiero expandir nuestra mente al pensar en "todas las cosas que no corresponden a la Santa Trinidad". Es decir: "todo fue hecho por Dios, y sin Él, nada de lo que ha sido hecho fue hecho", como lo diría Juan en su evangelio (*cf.* Juan 1:3).

Mi pregunta es: Si todas las cosas, y esto es, TODAS, fueron hechas por él, ¿qué hay fuera de Él? Ya me vas entendiendo que, si el hombre o cualquier otra "cosa" se rebelan contra Dios, es hasta ridículo pensar que Dios se vea asustado. El mismo que ha hecho todas las cosas (y eso ya nos incluye) es el mismo que puede sin ningún esfuerzo arrojar al castigo y a su ira a cualquier detractor suyo. Dios no se ve en graves problemas por causa de nuestra rebelión y pecado. Si nosotros estamos en enemistad contra Dios, eso no afecta a Dios en lo si quiera mínimamente pensable. Ahora, gira la pregunta. Si Dios está enemistado contra el hombre..., sí, ¡deberíamos temblar!

Sé que estoy tratando asuntos muy delicados, en lo que respecta a nuestras emociones. Pero, ¿te has preguntado si Dios está enemistado contra el hombre? ¿Es descabellado decir que Dios es el verdadero enemigo del hombre? Hay, nuevamente, un texto que es preciso para esta nueva ocasión. Vea:

> "Porque la **ira** de Dios se **revela** desde el cielo **contra** toda impiedad e injusticia de los **hombres** que detienen con injustica la verdad" (Romanos 1:18. Énfasis en negrita añadido).

En consonancia con este texto, veamos este otro:

> "El que cree en el Hijo tiene vida eterna;
> pero el que rehúsa creer en el Hijo no verá la
> vida, sino que la **ira** de Dios está sobre él"
> (Juan 3:36. Énfasis en negrita añadido).

El apóstol Pablo usa la expresión "hombres", aludiendo a todo ser humano que, en su ensañamiento, se niega a adorar al Señor, Creador de todas las cosas. Y el apóstol Juan usa el pronombre "él", refiriéndose directamente a aquel que osa decir que el Señor Jesucristo no es quien dice ser, a saber: Dios Verbo Encarnado. Dios Hombre. En el caso del apóstol Pablo, se refiere a los hombres en un sentido generalizado. Es decir, cada ser humano que nace en sus propias maldades, que han pervertido hasta el sentido común en su extravío y que ya no puede ni siquiera obedecer en un sentido natural las cosas establecidas por el orden que Dios ha dejado para la misma esencia de la vida y la existencia. A estos, que somos todos nosotros sin Cristo, Dios les manifiesta SU IRA porque la demanda de la Creación, casi tácita y natural, es que Dios debe ser adorado. Sin embargo, el hombre no lo adora, y la creación de Dios le dice al hombre natural que el que hizo todas las cosas está literalmente enemistado contra él, pues este se ha extraviado del propósito de su propia existencia, a saber: adorar a Dios. El hombre, en vez de adorar a Dios, se ha hecho dioses de la misma creación, y se burla de la justicia, reteniendo cualquier verdad extraída de la conciencia que Dios ha puesto en él.

Ahora, con respecto a lo que dice el apóstol Juan, hay algo mucho peor. Juan les está anunciando a un pueblo que tenía una revelación escritural (el Antiguo Testamento) que daba clara evidencia de quién era Cristo, y a la sazón, del propósito de su encarnación (salvar a los que en Él creen). Hay una gran diferencia con esto. Los hombres en Romanos 1 son, hasta cierto punto, justificables. Los hombres a los que Dios Hijo manifestó Su gloriosa obra y Persona y de que nos da testimonio el apóstol Juan con su evangelio no solo tenían un conocimiento general de Dios mediante la creación, sino que ellos tenían el conocimiento de la REVELACIÓN directa de Dios. Primero: Por la Escritura, que daba testimonio de Cristo, y que para cuando Jesús se humanó, solo poseían ellos; y segundo: Porque Cristo literalmente se presentó delante de ellos como el único Dios verdadero y el único que podía reconciliarlos con Dios de toda enemistad existente a causa de nuestro pecado. ¿Qué hace, pues, que esto sea sobremanera más delicado? Que aquel de quien el apóstol Juan dice "pero el que rehúsa" tendrá sobre su cuenta la ira de Dios en el sentido de que incluso, cuando Dios fue condescendiente, pudiendo arrojarlos directamente al infierno, aun así "rehusaron" creer en el único que les podría ser ayuda en su pobre condición de pecadores impenitentes. Casi es un poema de amor que, en esta condición, el apóstol Juan diga

> "No verá la vida, sino que la ira de Dios está sobre él" (Juan 3:36).

Y digo poema, porque hace muchísimo tiempo que ya debieran haber sido destruidos; condenados eternamente y para siempre.

Visto que necesitamos volver a casa, al abrigo del Omnipotente, nos preguntamos: ¿cómo podríamos hacerlo, si Su ira está sobre nosotros? Es necesario que la enemistad sea abolida, urgentemente.

Restablecer la relación, hacer las paces

Ahora, no quiero que pienses en que tú y yo debamos restablecer la relación. No. Tú y yo nos rebelamos. Somos pecadores. Nosotros no buscamos a Dios, ni le obedecimos. Antes, le aborrecimos, nos alejamos, fuimos despojados de todo deseo de querer obedecerlo. Por tanto, hablo de la necesidad urgente de abolir la enemistad de Dios contra el hombre, porque el hombre no quiere hacerlo con Dios. Restablecer los lazos, sin embargo, con el único Dios verdadero, siendo que es Santo, Santo, Santo, es nuestro gran problema. Quiero que dejemos la mentalidad que el mundo nos ha querido vender mediante la psicología diabólica (y no considero enteramente que la psicología como estudio de la conducta sea mala en sí misma) de que nosotros somos víctimas. No. Y sí, sigo hablando de grandes dificultades en asuntos reales de nuestra existencia y en relación a nuestras emociones y a la sensación desagradable de la soledad y tantas otras agobiantes experiencias de nuestra caída humanidad; pero necesito que mi lector entienda que nosotros no somos las víctimas. Recuerda, la Biblia dice que Dios es quien está en ira contra todo hombre, mientras este permanezca en su estado de rebelión, de pecador impenitente. Entonces, ¿cómo volver a casa, el Edén de donde vimos que fuimos "echados" como juicio a nuestro pecado? ¿Ves ahora que tu necesidad no es una pastilla para la depresión, sino volver a Dios? ¿Ves que tu necesidad es que Él sea condescendiente contigo? ¿Ves que has pecado contra Él? ¿Entiendes que Él es Santo, Santo, Santo? ¿Que, si Él así lo dispone, ya estarías en el infierno? ¿Entiendes que lo que realmente necesitamos es ser reconciliados con Aquel que ha "hecho todas las cosas"? ¿Cómo sabes que necesitas volver a casa, si crees que el destierro es tu hogar? ¿Cómo podrías extrañar y echar de menos el abrigo del Omnipotente si en sus brazos nunca te has cobijado? Para volver al hogar necesitamos que se restablezca la relación que Él tenía con nosotros. Debemos aspirar el poder decir: "Mi alma tiene sed de Ti, del Dios vivo" (*cf.* Salmo 42:2). Entonces, comprenderemos que no necesitamos otra cosa previamente, sino que se restablezca la relación Dios-hombre, porque el hombre fue quien se rebeló. Siendo así, dejará la autoconmiseración, la falsa culpabilidad. Pedirá a Dios, y Dios, clemente, será propicio.

La gloriosa redención

Cuando digo que la doctrina de la redención es "gloriosa" lo digo porque entiendo (y debe entender) que nosotros, en nuestra propia naturaleza, nos hemos esclavizado al diablo y al pecado. Para constatarlo, veamos la misma definición de la expresión que nos atañe, la redención.

Según Wikipedia[4], obtengo la información que expresa:

> "**Redención** (del prefijo re, 'de nuevo', y émere, 'comprar') literalmente significa 'comprar de nuevo'. Se aplica al pago para obtener **libertad** de un **esclavo** o cautivo, o bien, para volver a adquirir o recomprar algo que se había vendido, empeñado o **hipotecado**".

Aquí vemos que la redención implica algo que ya he dicho anteriormente: el hombre está muerto en sus delitos y pecados; por lo tanto, es esclavo del pecado. Es decir, desde la caída el hombre hace con su voluntad lo que su pecado como amo le ordena. El asunto es que, cuando Adán cayó, tanto él como su mujer se hicieron esclavos al pecado, deseándolo desde su propia voluntad. En este sentido, debemos ser conscientes de que antes de la caída, el hombre era, en este aspecto, libre. Pero nos hemos vendido al pecado, haciendo de Satanás nuestro amo. Básicamente pasamos de ser esclavos de Dios a serlo del pecado y del Diablo. Y quizá sea muy fuerte decir que somos, en nuestra naturaleza caída, esclavos de Satanás. Pero el Señor Jesús dijo que, en efecto:

> "todo el que hace pecado, esclavo es del pecado (…). Vosotros sois hijos de vuestro padre el diablo, y los deseos de vuestro padre queréis hacer…" (Juan 8:34, 44).

Sé que nuestra sociedad vende de inmensas maneras la idea de "libertad". Incluso en el área teológica, en lo tocante a las iglesias, se habla recurrentemente de cierta "libertad". Por ello quiero ser sensible, sin ser infiel a la verdad bíblica. Quiero ser profundo sin tener que desviarme en los muchos pensamientos que pueden emerger de esta realidad que trato

---

4 "Redención". Wikipedia, Wikimedia Foundation, 2025. https://es.m.wikipedia.org/wiki/Redenci%C3%B3n

de plasmar. Esencial y crucial es que tengamos algo en concreto respecto de la "libertad" para poder comprender lo mejor posible el asunto de la redención. Siendo así, no olvides que mi hilo hasta aquí es que el hombre se rebeló contra Dios, y hay una apremiante necesidad de restablecer la relación que ha sido rota por el pecado. Pero, como he aclarado, no estoy hablando de restablecer la relación del hombre con Dios, sino de Dios con el hombre. Sin tener que repetirme, ya sabemos que, si el hombre se rebela contra Dios, como en efecto lo hicimos, eso para nada afecta a Dios. Antes, si Él no actúa en misericordia hacia nosotros, con justicia total iríamos al infierno sin tener tiempo de escribir cosa más que esa.

Cuando, pues, me refiero a que el hombre es esclavo, estoy pensando estrictamente en su condición espiritual. Hablo de su condición interna. Ahora bien, el hombre, en otros aspectos, es libre. Casi en todo aspecto que no sea moral, el hombre escoge y decide lo que hacer. Si tú lees o no este libro, o si yo lo escribo o no, es una decisión muy personal. Lo mismo que si decides tomar una determinada bebida en medio de muchas otras. Pero, cuando el hombre se encuentra delante de poder o no "agradar" a Dios, aquí no tenemos absolutamente ninguna libertad. Simplemente "no podemos ni queremos" agradar a Dios, tal como lo expresa el apóstol Pablo en Romanos 8:7-8. Ahora, en relación a este pasaje, el apóstol Pablo expresa que la *"carne"* no puede ni quiere agradar a Dios. ¿Por qué? Porque la "carne" es enemiga de Dios. Es decir: nuestra naturaleza heredada de pecado solo anhela lo que es conforme a dicha naturaleza caída. Si intentamos agradar a Dios, no podemos, y si pudiéramos, nunca lo querríamos. O sea, es imposible que una persona que es esclava del pecado y del diablo pueda agradar a Dios.

El pecado, pues, es nuestro amo, y Satanás, nuestro dueño (en términos de la condición espiritual en que nacemos naturalmente). En consecuencia, somos enemigos de Dios. En otras palabras, Dios está airado con toda razón contra nuestro obstinado corazón. Dicho esto, la idea de que el hombre posee "albedrio" con respecto a Dios es un engaño que nace de no comprender la Santidad de Dios y el pecado del hombre. El apóstol Pablo lo dijo de forma muy explícita: "no quiere el hombre, muerto en delitos y pecados, agradar a Dios. Y tampoco puede" (*cf.* Romanos 8:7-8, Efesios 2:1).

El hombre tiene voluntad, sí. No es un robot, no. Pero su voluntad hace mucho tiempo que fue cautiva. En aquel día en que pecamos, del pecado nos hicimos esclavos. No podemos ni queremos, pues, agradar a Dios. Dicho así, literalmente, no podemos tener ninguna esperanza en nuestros esfuerzos por agradar a Dios. En todo caso, lo máximo que lograríamos sería ser personas moralistas que, por sus obras con que pretenden "agradar" a Dios, en realidad se agradan a sí mismas y se comparan con otras, presumiendo de sus "conductas caritativas y bien educadas".

¿Entiende mi lector que, si Dios no actúa en misericordia hacia nosotros, nosotros jamás podríamos alcanzar otra cosa que no sea Su justicia, con la cual nos aguarda solamente el infierno? Siendo así, la definición que hemos leído acerca de la "redención" nos dice que, por un lado, el hombre es esclavo, pero que, por otro muy afortunado, hay un libertador; o dicho de forma más precisa, con la definición: un comprador.

Supongamos que tienes un reloj que es sumamente costoso, y por una situación inesperada, te ves obligado a empeñar. Entonces obtienes de momento una gran suma de dinero con la que superar tu situación, pero para volver a recuperar tu reloj, necesitas cada vez más dinero, porque conforme pasa el tiempo, los intereses se van acumulando. Usando esta ilustración, tú y yo somos el reloj. La diferencia dramática es que nosotros, en Adán, escogimos ser esclavizados por el pecado y el Diablo. ¿Cuál sería el precio que podría devolvernos la antigua libertad? Las ilustraciones siempre son muy vagas. Por ejemplo, si tú pecas contra un pajarito, ¿qué sería necesario para remitir el daño que le has hecho al pajarito? Muy probablemente ni siquiera tengas que pagar nada por ese daño. Pero, si pecas contra el Dios que no solo ha hecho al pajarito, sino todas las cosas, visibles e invisibles, en este caso, ¿con qué podrás compensar tu falta? ¿Cuál sería el pago? Ahora, considera que Dios no solo es el Creador, sino que además es superlativamente Santo. ¿Qué vas a ofrecer, amado lector, para la remisión de tus pecados? Otra pregunta importante: ¿Por qué Dios querría ser tolerante con una criatura que ha pecado contra Él? Es aquí donde hablar de misericordia es apropiado para entender la dulce manera en que Dios ha querido relacionarse con el hombre. Pero, ¿qué precio bastaría para poder redimirnos, siendo que hemos pecado contra el Único Dios Santo, santo, santo? Todo el dinero del mundo no basta. Todas las obras de los hombres no podrían ser suficientes. Los millones de sacrificios quedarían en la nada. Amados, en este sentido hay solo un nombre que al solo pronunciarlo hace estruendo en todo el universo y pudo ser capaz de redimirnos, de comprarnos. Diga usted este nombre, y toda rodilla se doblará. Pronúncielo delante del Padre y en ningún otro podría encontrar satisfacción. Diga el nombre de Cristo y entonces entenderemos la misericordia y la gracia, el don inefable y la sublime expresión de amor de Dios el Padre, el cual fue propicio con el hombre, habiendo este merecido solo el castigo. La sangre de Cristo, amados, la sangre de Cristo fue el pago por rescatar a los viles pecadores. La sangre, oh, la sangre del manso y humilde. La del precioso y hermoso Hijo de Dios. Solo allí, en su desparramada pasión en la cruz, Cristo nos compró. ¿De qué otra manera podríamos ser liberados y redimidos? La redención, pues, es la gloriosa transición en la que Dios el Padre recibe el sacrificio de Dios el Hijo en lugar de los pecadores arrepentidos y, a partir de entonces, los que han sido rociados del perdón y del don de Jesucristo son aceptos y amados por Dios, siendo que ahora ya Dios no está enemistado contra estos, pues estos gozan de la reconciliación que Cristo les otorga por la fe. Cristo nos devuelve al hogar, llevándonos a los brazos del Altísimo. Ahora podemos decir, si hemos creído y confiado solo en la redención obrada por Cristo:

> "El que habita al abrigo del Altísimo morará bajo la sombra del Omnipotente" (Salmo 91:1).

Solo me gustaría aclarar un par de cosas. La primera es que, cuando vemos el corazón de Dios en su disposición de redimir a los creyentes, lo primero que debemos asimilar para nuestro asombro es que Dios no estaba en la necesidad de enviar a Cristo, ni Cristo estaba en la de venir. Mucho menos el Espíritu Santo en obrar en los corazones de los creyentes para confirmar la redención en el corazón de ellos. Podemos decir que, desde la perspectiva humana, la redención es un acto injusto. Lo justo es que el hombre sea juzgado por su rebelión. Que el Señor Jesús muera como un malhechor, siendo nosotros los homicidas, es, humanamente hablando, injusto. La redención es el recuerdo que el creyente siempre tendrá plasmado en su alma, que debiendo él ser echado al infierno, Jesús soportó el infierno de la ira santa del Padre para poder así devolverlo al abrigo del Altísimo. Es imposible que hablemos de la redención sin considerar que es un acto totalmente injusto, en el sentido de que quienes realmente merecen ser castigados con la ira del Padre somos nosotros, pues hemos pecado contra Él.

Pero Dios el Padre no podría admitir a nadie en Su presencia estando manchado de pecado. Y tampoco podría dejar el pecado sin su justa retribución. En este sentido, si Cristo no pagaba por nuestros pecados, justamente iríamos al infierno diciendo: "Me juzgas por mis pecados. Entonces sea Dios adorado por su justicia, aunque por mi maldad esto implica mi ruina". Pero, diremos: "Me das acceso a Ti solo por la sangre del Cordero. Sé adorado, oh Dios, porque has obrado benignamente para conmigo, y has tenido inmensa misericordia. Alabado seas, oh Señor y Dios, por Tu Hijo bendito y amado".

La segunda cosa que es importante aclarar, viendo esta

maravillosa redención, es que, si bien hemos experimentado ser redimidos, entonces debemos afirmar que ya no somos esclavos ni del pecado, ni del Diablo.

Si luego de trabajar duramente, el hombre que había empeñado el reloj logra recuperar lo que era suyo, ahora es natural que el reloj sea usado por él con completa libertad. El que antes había sido 'dueño' del reloj ya no lo es más. Asimismo, si Cristo nos ha comprado, ni el pecado ni el Diablo son ya nuestros amos. Ahora, este es el asunto: ¿cómo es la vida de aquel que ha sido redimido por el Cordero, si al igual que los demás, sigue siendo un pecador, según la carne? Es aquí donde el Santo Espíritu de Dios tiene su indispensable rol. El creyente no está ya SOLO. Ya no es dejado en sus propios deseos carnales.

Por cierto, déjame citarte al apóstol Pablo, nuevamente en Romanos 8, pero esta vez el primer verso, que dice:

> "Ahora, pues, ninguna condenación hay para los que están en Cristo Jesús, los que no andan conforme a la carne, sino conforme al Espíritu".

En este pasaje vemos los elementos indispensables para captar la nueva esencia en que el creyente está. En primer lugar: para él no hay condenación. Y con condenación, estamos hablando del justo pago de Dios sobre el pecado: el infierno. Cabe destacar que para el creyente no hay ya condenación, porque este "está" en Cristo. Al "estar", pues, en Cristo, entendemos que en el corazón de dicho creyente se ha efectuado la magna obra redentora de Cristo, el cual pagó la suma de todos sus pecados y rebeliones en la cruz; "una vez y para siempre", según lo asevera el autor de la epístola a los Hebreos. Por lo que afirmamos que, aquellos que "están" en Cristo Jesús, ¡no! "andan" conforme a la carne, "sino conforme al Espíritu". Y este es el contraste claro: el creyente no puede "andar" en la carne, porque el Espíritu Santo mora en él, ya que la obra redentora de Cristo ha sido perfecta para librarlo del castigo y darle a su vez el agrado del Padre. Significa, amados lectores, que los que experimentan el perdón de Dios por la sangre de Cristo derramada en la cruz, "son morada y templo del Espíritu Santo" (1 Corintios 3:16). En este sentido, "nueva criatura son. Las cosas viejas pasaron" (*cf.* 1 Corintios 5:17). No significa que el creyente ya es perfecto, sin pecado. Aunque, en efecto, esa es la solemne promesa aguardada para el creyente, según lo expresa el apóstol Juan:

> "Mirad cuál amor nos ha dado el Padre, para que seamos llamados hijos de Dios; por esto el mundo no nos conoce, porque no le conoció a él. Amados, ahora somos hijos de Dios, y aún no se ha manifestado lo que hemos de ser; pero sabemos que cuando él se manifieste, seremos semejantes a él, porque le veremos tal como él es. Y todo aquel que tiene esta esperanza en él, se purifica a sí mismo, así como él es puro" (1 Juan 3:1-3).

Quiero que hagas una pausa de esta lectura. Y pienses un poco en tus luchas contra el pecado. ¿Te sientes triste por causa de la frustración que encuentras en el contra deseo de querer vivir para Dios por la fe en Cristo, mientras que a su vez sabes lo débil que eres en tantas ocasiones con respecto a tantas tentaciones? ¿Puedes decir que lo amargo del pecado para ti es ofender directamente a Aquel que murió por todas tus transgresiones? Si puedes decir que deseas vivir para Cristo, por la fe y el poder del Espíritu Santo, entonces toma un tiempo para consolar tu alma con esta verdad: cuando Él venga, ya no habrá ningún pecado en tu cuerpo. Este cuerpo de pecado que ahora tienes se vestirá con uno nuevo, el cual está vestido de la Santidad y la Justicia de Cristo, y entonces serás como Él es. Consuélate ahora, amado/a lector. Un día Cristo te vestirá por entero. Lo que ahora te es ocasión de tristeza, el ofenderle, eso ya no será una experiencia. Solo recordarás las heridas que estarán en su cuerpo para recordarte el gran precio que por ti se pagó. Oh, dulce y solemne esperanza. Fiel y verdadera. Hunde tus pensamientos y afectos en esta, y del agridulce sabor que ahora tienes, brotará solo baile y gozo de corazón. Dicha y paz, gozo y felicidad indecibles. ¡Oh, entonces viviremos solo para adorar al Cordero y al León! El campeón de nuestras almas. El dignísimo Cristo. Coronado y Amado, pero, sobre todo, nuestro. Él será nuestro, y nosotros de Él enteramente y para siempre. Enteramente y para siempre. "Sí", suspira mi alma. Amén.

Según la definición que hemos trabajado sobre la redención, hemos visto dos realidades necesarias para entenderla: En *primer* lugar, el hombre es esclavo del pecado y del diablo. *Segundo*: Dios en Cristo ha obrado una eterna redención, o compra. Siendo así, afirmamos que el creyente es traído de vuelta a casa. Oh, sí. De hecho, Cristo ha dejado la suya para poder llevarnos de vuelta. Esto implica que el pecado y el Diablo ya no son nuestros amos. Sin embargo, hemos entendido que la pura esencia de la libertad a la que Cristo nos ha llevado tendrá su calidad total solo cuando Él regrese. Y de esto, el apóstol Juan ha sido brillante al dejarnos esas palabras divinas, inspiradas por el Espíritu Santo que mora en nosotros, para que por Él podamos experimentar ese dulzor que alegra nuestras almas en medio de la constante lucha que el creyente tiene contra el pecado y el Diablo.

Amados, podemos entender que la redención obrada por Cristo nos ha traído de vuelta a casa; nos ha acercado nuevamente a la cercanía paterna; ha abolido la enemistad, ha restablecido nuestra relación con el Padre. ¡Todo esto, solo por la compra de Cristo efectuada a nuestras almas por Su Santo Espíritu!

Quiero, pues, resumir, por último, que la redención es la libertad que Dios ha obrado en Cristo para que los creyentes puedan, por la obra interna del Espíritu Santo, vivir para Dios en esta tierra y en la venidera. A la luz de estas verdades, nosotros realmente nunca hemos sido "libres" en término de obediencia moral. En Adán, fuimos esclavos del pecado y del Diablo, mereciendo la condenación eterna. En Cristo, por su sangre, hemos sido libertados del dominio del pecado, de la posesión del Diablo. Por lo que, en este momento, somos esclavos de Cristo para vida eterna.

Ahora, por favor, hablemos de la redención en los términos escriturales. Es decir, bíblicos. El concepto de que la redención es una transición de compra, lo cual implica que el objeto adquirido no es, por así decirlo, dueño de sí, lo podemos observar en la claridad de este pasaje, el cual connota que el mismísimo Señor Jesús tenía la previa disposición de redimirnos al humanarse (*cf.* Marcos 10:45; Mateo 20:28; Mateo 26:26-28; Tito 2:14; Gálatas 3:13; Hechos 20:28).

> Y mientras comían, tomó Jesús el pan, y bendijo, y lo partió, y dio a sus discípulos, y dijo: Tomad, comed, esto es mi cuerpo. Y tomando la copa, y habiendo dado gracias, les dio, diciendo: Bebed de ella todos; porque esto es mi sangre del nuevo pacto, que por muchos es derramada para remisión de los pecados (Mateo 26:26-28).

El fin del derramamiento de la sangre de Cristo era redimir. Comprar. O, dicho en la expresión del discípulo Mateo, "remitir". Lo que implica que la deuda del pecador la paga el comprador, a saber: Cristo. Ya que Cristo es Dios, sabe que su sangre es suficiente y totalmente apta para lograr aquella hazaña, la incomparable compra. Y por lo tal, dice, en el siguiente verso:

> "Y os digo que desde ahora no beberé más de este fruto de la vid, hasta aquel día en que lo beba de nuevo con **vosotros** en el reino de mi Padre" (vs 29. Énfasis en negrita añadido).

El Señor Jesús no dudaba de que su expiación sería eficaz para redimir a sus escogidos. Pero esta es la otra parte del efecto de la redención sobre los mismos: que ellos serían libres del dominio del pecado y del Diablo. Por tanto, librados de la condenación y del juicio de Dios Padre sobre ellos. En otras palabras: el Padre está en gozo con los discípulos de Cristo porque, aunque ellos pecaron, Cristo derramó su sangre por ellos. Este es el otro aspecto que quiero que veamos desde la Escritura, que el creyente ahora es libre de esta condenación, gozando así del afecto paterno de Dios.

> Quien se dio a sí mismo por nosotros para redimirnos de toda iniquidad y purificar para sí un pueblo propio, celoso de buenas obras" (Tito 2:14).

> ¿O ignorarías que vuestro cuerpo es templo del Espíritu Santo, el cual está en vosotros, el cual tenéis de Dios, y que no sois de vuestros? Porque habéis sido **comprados por precio**; glorificad, pues, a Dios en vuestro cuerpo y en vuestro espíritu, los cuales **son** de Dios (1 Corintios 6:19-20. Énfasis en negrita añadido).

¿Ves que el fin de la transición es que ya no somos ni del pecado, ni del Diablo, sino de Dios? Esto, como consecuencia, me lleva a afirmar que nosotros siempre somos esclavos de alguien. La redención no es libertad sin obediencia. La redención es la libertad que Cristo nos ha otorgado por Su sangre, con la cual ya no estamos sometidos a la servidumbre del pecado, ni del Diablo, sino al glorioso servicio de nuestro Nuevo Dueño: Jesucristo.

Esta idea está muy clara en la siguiente cita:

> "El cual nos ha **librado de la potestad** de las tinieblas, y **trasladado al reino de su amado Hijo**, en quien tenemos **redención** por su sangre, el perdón de pecados" (Colosenses 1:13-14. Énfasis en negrita añadido).

Quiero, amados lectores, que abracemos esto con toda nuestra alma. Ser creyente y ser redimidos nunca supondrá seguir siendo esclavos de la "vieja manera de vivir". Y ser redimidos es una obra soberana que Dios Trino quiso obrar. De manera que, sin el derramamiento de la sangre del Cordero, aún estaríamos alejados del abrigo del Omnipotente, y jamás habríamos deseado ser llevados de vuelta a casa y gozar de una buena relación con Dios el Padre y con todas las demás personas. De hecho, esto jamás lo hubiéramos considerado necesario, ya que nosotros, en nuestra propia naturaleza, odiábamos a Dios. Como hemos visto, estábamos bajo el gobierno o la potestad de las tinieblas. Es decir: del pecado y del Diablo.

Por último: la redención es gratis:

> "Por cuanto **todos** pecaron, y **están** destituidos de la gloria de Dios, siendo justificados **gratuitamente** por su gracia, mediante la **redención** que es en Cristo Jesús" (Romanos 3:23-24. Énfasis en negrita añadido).

Si llegas a sentir que tu obediencia a Dios no procede de este regalo de redención, créeme, tus supuestas buenas obras nunca podrán obrar justicia delante de Dios el Padre. ¿Sabes por qué? Porque todos pecamos, y fuimos destituidos del abrigo del Omnipotente (*cf.* Romanos 3:23). Todos. No hay uno que no esté en esa condición. Solo Cristo no pecó. Por tanto, solo Cristo podía poner su vida en rescate de los pecadores arrepentidos, los cuales, al ser rociados del sacrificio de Cristo en lugar de ellos, reciben el don de la gracia, con el cual gozan de una justicia tan santa como la de Cristo, por lo que el Padre tiene suprema alegría en esto.

Ahora podemos decir, como el salmista:

> "El que habita al abrigo del Altísimo morará bajo la sombra del Omnipotente" (Salmo 91:1).

¡Cuánta hermosura se desprende de este salmo cuando entendemos que es una sombra de Cristo! ¡Cuán dulce es encontrar en él la alusión a la necesidad de la sangre de Cristo a nuestro favor, a fin de que podamos gozar de la habitación en que Dios el Padre hace presencia y encuentra "complacencia"! De manera que, si tú no gozas de una alegre relación con el Señor Jesucristo, mediante Su Espíritu Santo, entonces no puede afirmar que estás bajo la sombra del Altísimo, sino bajo Su ira. Y ya es bastante claro que Su ira es absolutamente justa. Lo que no es justo, en el sentido humano, es la redención con la que obtenemos la alegría del Padre, y ya Él no nos ve con enojo santo. Antes, se ríe con nosotros, dándonos su abrigo y sostén.

Dejaré estas últimas líneas para expresarme de forma reflexiva sobre aquellos que leen esto libro: ¿Es consciente de que siempre servirá a uno u a otro amo? Ciertamente, si eres creyente, y por lo tanto, discípulo de Cristo, debe tener alegría, a pesar de todas tus debilidades. Como vimos en 1 Juan 3:1-3, hemos de ser como Cristo es, cuando Él descienda por nosotros, su amada iglesia. Pero si no ve en absoluto que el pecado y la servidumbre al Diablo son aborrecibles para Dios, y que esto hace arder la santa ira de Su majestad, entonces te ruego que te detengas y evalúes tu vida delante de Dios. En el siguiente capítulo, estaré rogando al Señor sabiduría para tratar con las realidades del pecado en la soledad y sus expresiones. Pero si no "andas" conforme al Espíritu Santo, y por lo tanto, no "está en Cristo", todo será inútil. Necesitas que la poderosa sangre de Cristo obre a tu favor, trasladándote del reino de las tinieblas a Su Reino de Luz. Para que nada de lo que espera a los incrédulos te acontezca, puedes escapar de la ira de Dios escondiéndote en Cristo Jesús. Confiesa, pues, a Él, todas tus maldades. Considérate muerto, si Él no te da vida. Busca con tal premura su amor. Hazlo, amado lector. Porque, de lo contrario, estás advertido. El Señor, nuestro Dios, no puede tolerar a un pecador que no considera su mal camino, ni mucho menos a uno que confiesa públicamente fe en Cristo, pero nunca se ha arrepentido de su pecado, y abrazado, por tanto, a Cristo.

La manera en que puedes examinar, a la luz de La Escritura, si realmente estás gozosamente en Cristo, es que odias el pecado que lo llevó a la cruz; si sientes gozo cuando andas en obediencia a su Palabra, motivado por el Amor de Dios en Cristo; y ves que este gozo se ve interrumpido por tus debilidades y caídas. Puedes tener la confianza de que vas a tener la victoria final si ahora mismo deseas esa victoria ejecutada por Cristo en la cruz. Nunca deberías avergonzarte de seguir a Cristo, aun si eso te cuesta el rechazo de quienes antes eran tus "amigos". Porque, si ellos siguen disfrutando tu amistad, muy probablemente tú no gozas de amistad con Dios en Cristo. Sin embargo, si ellos ven que ahora tus deleites se han volcado sobre Dios, ellos serán los primeros en darse cuenta. Lo mismo sucede lamentablemente con nuestros familiares inconversos. Ellos pueden dar testimonio fiable de si ahora eres amigo de Dios, porque "amas lo que antes despreciabas", u "odias lo que antes amabas". Tus familiares o "amigos" más cercanos son las personas más eficaces a la hora de percibir estos cambios. Si enfrentas ciertas luchas con ellos, por el hecho de que deseas agradar a tu nuevo Dueño, ¡ten gozo! Estás bien. ¡Muy bien! Pero si gozas de una placentera amistad con ellos, y ellos no pueden dar voz de que has experimentado la redención de la que te he estado hablando, ¡oh!, no quiero ser mal juez, pero es muy posible que no estás siendo honesto contigo mismo. Esto no quiere decir que, si tienes a Cristo como dueño, te haces una persona grosera y antipática. Significa que amas la santidad de Dios por la cual Cristo tuvo que sufrir la ra para que tú, en cambio, recibas el afecto paterno que perdimos por nuestro pecado. Y este cambio interno es imposible guardarlo sin que se vea manifiesto. Al manifestarse, pues, trae consigo un conflicto con el mundo que ama el pecado que los arroja lejos del agrado del Padre, trayendo sobre sus almas el infierno.

Recapitulando: La redención es una compra. Significa

que, o somos esclavos de Cristo, para vida, por Su sangre con que nos adquirió para Sí y para Dios Padre, por su Santo Espíritu; o bien seguimos siendo siervos del pecado y del Diablo. El creyente puede experimentar una lucha contra el pecado, y una profunda tristeza por fallar a su nuevo Dueño, pero jamás esa tristeza lo dejará desviarse a modo tal que la obra de Cristo se vea absolutamente opacada. Esa tristeza que, como diría el apóstol Pablo, es para nuestro arrepentimiento. Esa tristeza que, además, nos recuerda que este mundo y este cuerpo en que vivimos aún no han sido glorificados. Se acrecienta, por lo tanto, un santo desespero por el Retorno de Cristo. Pero los falsos discípulos no experimentan esta tristeza, ni este anhelo, ni este conflicto interno que los hace tener roces con sus familiares o "amigos" inconversos. Sí, desde luego que debemos orar por nuestros familiares y amigos inconversos. No confunda mis expresiones. Lo que digo es que, siempre que hay un alma redimida por la sangre del Cordero, los primeros en darse cuenta son precisamente aquellos que están en nuestro círculo más próximo, y que esto siempre implica un grave aprieto. Aprieto que, por cierto, en nuestras oraciones y nuestra nueva manera de vivir dejará su gran testimonio ante estos, por lo cual darán gloria a Dios. Con este último comentario, me refiero a dos cosas: nuestro testimonio ante los inconversos, sean aquellos que eran antes nuestros amigos, o nuestros familiares (y digo "que eran nuestros amigos", porque ellos ya no pueden gozar de una amistad con nosotros, si nosotros gozamos de una amistad íntima con nuestro Redentor. En cambio, nuestros familiares sí pueden gozar de un lazo familiar con nosotros. Un lazo que, dolorosamente, no llega a ser profundo, en términos del nuevo amor que hay en nosotros hacia Cristo) tendrá dos resultados en la vida de ellos. *Uno*: Ellos sabrán que tu Dios vive. Que salva. Lo sabrán aunque digan que "te has vuelto loco". Lo cual supondrá, en *segundo* lugar, que: por nuestro testimonio Dios los puede guiar al arrepentimiento, o si no, se endurecerán más hacia nuestro Redentor. Sea cual sea el caso, nuestra oración es que Dios use nuestras vidas como un faro de luz sobre ellos. Pero nuestro testimonio también podría ser utilizado en su contra en el día del Juicio, cuando entiendan que son vanas las excusas que aquí presenten; pues de día y de noche no cesamos de orar y pedirles que se arrepientan, y no lo hacen. Mientras haya aliento de vida en nuestros cuerpos mortales, oraremos y exhortaremos: "Reconciliaos con el Señor". ¡Amén!

Me gustaría acabar este capítulo con una oración:

Amado Padre: Eres Tú, y solo Tú el dueño de todas las cosas. Por tu Hijo fueron creadas. Delante de Ti están desnudas todas las cosas. Tú sabes nuestro levantar y conoces muy bien nuestro descansar. Como lo expresa el salmista, "todos nuestros pensamientos te son conocidos". Hemos probado y experimentado que por el precio que Cristo pagó en la cruz, nosotros hemos venido a ser adoptados hijos tuyos, porque Cristo ha pagado la suma de toda nuestra rebelión y nuestra maldad. Tú sabes, oh Señor, que en el Edén levantamos nuestro puño en tu contra, deseando ser iguales a Ti, separados de tu gobierno y majestad. Tú, oh Señor, sabes que nuestra desobediencia solo dejó ruinas. Jamás fue tu deseo que nosotros fuésemos expuestos a la ruina y el pecado. ¡Oh Señor!, nuestro pecado nos segó. Buscamos culpables, y cuando no los encontramos, te culpamos a Ti. Tú, oh clemente, sin ninguna necesidad de ser compasivo, te inclinaste en misericordia a ver nuestra necesidad y, pasaste por alto nuestra transgresión, con la cual nos hicimos esclavos, y nos has prolongado misericordia, proveyendo en Cristo reconciliación y vida nueva. Padre:

¿Por qué te dignaste a salvar a un pecador? ¿Por qué tu Hijo Jesucristo tuvo que pagar en nuestro lugar nuestra traición? Aún no entiendo por qué tu Santo Espíritu tiene que ser condescendiente y hacer morada en nosotros, para que, por Él, andemos en vida nueva, agradándote por la fe en Cristo, a quien Tú has coronado con honores y glorias eternas. Padre: Si bien merezco ser echado al infierno de tu ira, déjame por Cristo ser tu siervo. Confieso que el pecado y el Diablo son malos amos, pero que, con todo, mi ceguera me hacía servirles con encendida oscuridad.

Lo que he hecho sirviendo al pecado y al Diablo y al mundo, solo me trae vergüenza y pena; dolor y agonía. Padre: Lo justo es que yo perezca. ¿Por qué Cristo murió en mi lugar, si Tu Santa Trinidad, Eterna, de nada tiene necesidad? Entonces, oh Señor y Dios: déjame vivir para Ti, sirviéndote con toda mi vida. Sí, vida que no es digna de Ti, pero que por Cristo a Ti la ofrezco. Déjame, oh Padre, por tu Santo Espíritu, ser un testimonio del poder de la sangre de tu Hijo, con la cual haces libre a todo aquel que se somete graciosamente a Ti, al gobierno de Cristo, el Rey. Si seguirte supone rechazo, dolor o persecución, ¿quién soy yo para ser digno de ser abatido por Tu mano santa? Con todo, Cristo padeció. Me gloriaré en Él, si Tú me das el gozo de padecer un poco por su santa y hermosa causa. Tan solo un poco. Pues entiendo que tu Hijo sufrió lo indecible, para darme lo que jamás, en mi muerte espiritual, deseé: Tu abrigo paterno. Padre, déjame morar bajo la sombra de tu Amor, de tu favor y de tu redención. Padre, por Jesucristo, Tu Hijo Amado, te lo pido.

¡Amén!

CAPÍTULO 4:
REDENCIÓN INCONCLUSA

Si observamos nuevamente 1 Juan 3:1-3, vemos que hay una perfección en pureza que obviamente el creyente aún no posee, y por la cual espera con certeza. Ahora, la redención, en efecto, ya ha sido ejecutada cuando las palabras de nuestro Señor Jesucristo fueron pronunciadas:

"Consumado es" (Juan 19:30).

No hay ninguna expresión más poderosa en lo que responde a la redención que esta: *"Consumado es"*. Literalmente: "La compra ha sido pagada al 100% de todo su costo". O "el acta de los decretos que nos era contraria nos ha sido pagada" (*cf.* Colosenses 2:13-14). Es decir: Cristo nos compró con su sangre, librándonos del yugo del pecado y de Satanás. Pero, esencialmente: de Dios en su ira, por el pecado que nos corrompió. Así que cuando el apóstol Juan se dirige a los creyentes, diciéndoles, "mirad cuál amor nos ha tenido el Padre", se refiere a ese amor con el que Su justicia y santidad quedan satisfechas en el derramamiento de la sangre de Su Hijo. Por lo cual, la redención es un hecho. Ahora, es un hecho que tiene una realidad eterna y otra temporal. En cuanto a lo eterno, ya Dios nos ha adoptado en Cristo como hijos suyos. Lo cual implica que los creyentes ya no tienen la ira de Dios sobre ellos, sino antes, Su agrado, su abrigo. Pero la plenitud de esta realidad, entretanto que nuestro Amado Redentor permanece en el Cielo, aún no la podemos vivir. ¿Cuál es la realidad plena de esta redención? La que nos afirma que cuando Él venga, seremos como Él es, porque le veremos cara a cara, tal como Él es (*cf.* 1 Juan 3:2). Significa que hay un punto de la redención que aún está inconclusa. Nos falta llegar a la "estatura del varón perfecto". ¿Y no es cierto que esto es así? Pues, de lo contrario, no tendríamos ya una lucha contra el pecado.

Sin embargo, la buena noticia es que solamente los creyentes tienen promesa de ser como Jesucristo, porque a diferencia de los incrédulos, estos anhelan el día en que por fin sean librados totalmente de la influencia del pecado y del Diablo. Este deseo verá su cumplimiento cuando el Señor regrese, o nosotros hayamos partido con Él. Pero, por ahora, la redención sigue, por así decirlo, inconclusa. Ahora, con esto no me refiero a que la obra del Señor Jesucristo necesite de algo, sino que la plenitud de dicha obra aún no la gozamos. Y no la podemos gozar de tal manera porque aún no estamos con Él en la forma tan plena que el apóstol Juan y casi todo el Nuevo Testamento nos afirma que habremos de estar. Esto nos coloca en una posición de esperanza fiel, por un lado, pero de lucha y ciertas derrotas por el otro.

Ahora, ¿no es consolador pensar en que, sin importar lo difícil que pueda tornarse nuestra lucha contra el pecado, el Diablo y el mundo, con todo, la redención ya ha sido hecha, por lo que tenemos esperanza de que seremos libres totalmente de estas influencias, que serán finalmente destruidas? ¡Claro que sí! De hecho, esto nos inunda de gozo, pese a lo amargo de la lucha.

Quiero, pues, hablar un poco de cómo podemos luchar en contra del pecado en las expresiones que ya hemos visto en los dos primeros capítulos. Siendo así, hablaremos en primer lugar de la ansiedad, considerando que esta emerge de lo que hemos visto como una emoción desgarradora: la soledad.

Pero antes de hablar de la ansiedad como tal es necesario aclarar algo sobre la sensación de soledad. Recordemos que la soledad, tal como la presenté en el capítulo dos, es una consecuencia de estar alejados de Dios por causa del pecado. Por esta razón, la redención tiene como fruto hermoso la noticia de que el Señor Jesucristo nos ha traído de vuelta a casa, dándonos de nuevo la comunión que habíamos perdido. Gracias a este fruto glorioso y noticia agradable, cuando Cristo regrese, nosotros nunca más volveremos a experimentar ninguna distancia de Dios. ¡Nunca más! Ahora, ¿qué pasa mientras aún no estamos literalmente en casa? ¿Qué decir de este asunto de que el pecado ciertamente sigue influyendo en nuestras vidas? ¿Por qué, a pesar de haber sido redimidos, experimentamos soledad? ¿Quiere decir que cuando un creyente se siente solo es por su pecado? ¿Es absolutamente malo que el hombre (ser humano) se sienta solo? Parte de la respuesta a todas estas cuestiones, y que tendrá relación con cada expresión de la soledad que iremos abordando nuevamente, tiene que ver con el hecho que involucra el pecado: y es que, a pesar de ser redimidos, el creyente puede dar cabida a ciertos pecados emocionales o físicos, que luego hacen que la sensación de soledad crezca dentro de él.

No así, hay un punto que me gustaría aclarar: el hombre (ser humano) no fue hecho para habitar en soledad. El hombre fue hecho para tener relación con Dios y con sus semejantes. En este sentido, menciono no la soledad como un sentimiento pecaminoso, sino como un estado. El mejor estado del hombre llega cuando, habiendo sido reconciliado con Dios, puede amar a su prójimo.

Ahora podrías estar pensando conmigo en el Génesis. Dios mismo, antes de que el pecado hiciera entrada en la vida del hombre, dijo que *"no es bueno que el mismo esté solo"*. Ahora, de esta soledad retratada en Génesis 2:18, podemos afirmar que no es una emoción pecaminosa, tal como lo es aquella que nos lleva a estar lejos de Dios y, por lo tanto, tener un vacío en el alma que nos hace sentir que la vida no tiene propósito. ¡No! De hecho, no podemos intuir que la expresión que el mismo Señor Dios está usando tenga esta connotación. Es imposible pensar que sea así, porque para entonces el hombre no había cometido pecado, por lo que disfrutaba de la presencia favorable del Señor sin ningún problema. Adán no estaba alejado de Dios en Génesis 2:18.

Se trata, pues, de que el hombre necesitó, misteriosamente, ayuda para poder desenvolverse bien en la administración del huerto y su labranza, así como de su postrer propósito, que era ser padre del resto de los seres humanos. Además, fue Dios quien entendió que, conforme el propósito por el cual creó al hombre, le era necesario al mismo tener una compañera.

Si entendiéramos bien esta necesidad que hay en el hombre, podemos ver que la soledad, desde este punto de vista, no es buena ni tampoco necesaria. El hombre hace bien en relacionarse. El problema es que, una vez el pecado entró, las relaciones fueron llevadas a un punto muy frágil. En primer lugar, porque el hombre ya no cuenta con la presencia favorable de Dios, seguido de que, por la misma causa, no cuenta con una relación armoniosa ni con su esposa, ni con el resto de sus semejantes. Debido a esto, es tan consecuente advertir que el creyente deba tener sumo cuidado de no relacionarse íntimamente con otra persona que no haya sido redimida. Particularmente, si se trata de un soltero que, por naturaleza de su misma creación y propósito (casarse, tener hijos, formar un hogar para la alabanza y gloria de Dios), siente el fuerte anhelo de tener este tipo de relación. Los solteros deben cuidarse mucho. Porque lo que es natural y bueno puede, por causa del pecado, volcarse en pecaminoso y dañino.

No estoy, en este punto, queriendo dar pautas sobre cómo escoger pareja y casarse. Solo debo alarmar brevemente de que el deseo de casarse y tener una familia puede que, al creyente, por no alcanzar dicho estado, lo lleve a sentir cierta soledad, lo cual es totalmente comprensible, ya que el mismo diseño de Dios está orientado hacia estos vínculos. Sin embargo, debemos cuidarnos de que, por estos anhelos, olvidemos que, al ser redimidos, nuestra relación fundamental y funcional es EL ABRIGO DEL PADRE, que nos es dado por la sangre de Cristo. Cuando olvidamos que esto es el todo del hombre, soltero o casado, entonces los anhelos comienzan a llevarnos al pecado. Pero, al dar alarma sobre esto, solo quiero decir que con esta tensión siempre habremos de vivir. En consecuencia, ¡velemos!

Por último, me gustaría decir que el soltero también debe escoger muy bien con quiénes fomentar una amistad íntima; un compañerismo profundo. No podría pensar en un hombre o mujer que, habiendo sido redimido/a por Cristo, ahora goce de una amistad profunda con otra persona con quien no puede hablar profundamente de Aquel que le ha comprado con Sangre preciosa. La soledad no nos debe llevar a escoger amistades que nos alejen de Cristo, porque de lo contrario, alguien va a salir muy mal. Ahora, no me malinterprete. Creo que el propósito de la amistad de un creyente con un incrédulo ha de ser la de hablarle de Cristo, ya que, si usted tiene a un amigo al cual ama, no podría pasarse la vida viéndolo en una condición tan mala y no advertirle. Pero, notablemente, cuando por la "soledad" gustamos en tener amistad profunda con alguien que no ha sido redimido, estamos metiéndonos en grandes peligros. La necesidad que tenemos de relacionarnos debe tener su orientación en Cristo, con aquellos que Cristo ha redimido.

El incrédulo también tiene una necesidad inherente de relacionarse, pero su necesidad no puede ser saciada mientras no haya sido redimido; traído de vuelta a casa, al abrigo del Padre. Por ende, podemos decir que la manera en que los incrédulos se relacionan entre sí, es, hasta cierto punto, idolátrica. El ser humano sin Cristo busca fuera de Él lo que solo en Él puede encontrar.

En relación a las amistades o compañerismo de cualquier índole, el pecado de idolatría es pensar que en otra persona encontraré la satisfacción que solo por la fe en Cristo puedo disfrutar. El problema para el hombre, muerto en delitos y pecados, es que ama su pecado. No quiere arrepentirse, por lo que no puede disfrutar de Cristo. Literalmente, será por siempre un idólatra si no hay arrepentimiento. El amor de un creyente que posee amistades o familiares incrédulos es hacerles ver a estos su necesidad de arrepentimiento y fe en

Cristo. De otra manera, no debería existir, entre ambos, una amistad profunda e íntima. No quiero sonar mal, pero cuando digo que no debería existir una relación íntima y profunda entre un creyente y un incrédulo, me refiero al aspecto más profundo de nuestro corazón. Si hemos experimentado la redención en Cristo, nadie puede robarnos el profundo amor que hemos recibido de Él. Por ende, a nadie más amamos como lo amamos a Él. Lo que supone que, si tienes una relación con un inconverso, este no podrá entenderte, y habrá una lucha que, eventualmente, desgastará tu alma. Es aquí donde insisto en que el amor más grande que un creyente puede tener por un amigo o familiar inconversos es predicarle el evangelio; la fe y el arrepentimiento.

Así que la necesidad de relacionarnos, y que tenemos los unos de los otros, no es puramente pecaminosa. Pero la manera en que buscamos satisfacer tal necesidad bien podría guiarnos a amistades que nos lleven a la práctica del pecado; la idolatría que nos distancia de Dios y que, finalmente, nos hace sentir "solos".

Habiendo dicho esto, la soledad como consecuencia del pecado es la que nos lleva a la ansiedad. Ansiedad que espero vencer reconociendo que tal soledad pecaminosa tiene que ser atacada principalmente con una absoluta y reveladora realidad: El creyente nunca más vuelve a ser dejado solo, en el sentido de estar distanciado de Dios y de Su favor, porque el creyente, ahora que ha sido redimido, posee literalmente al Espíritu Santo.

Antes de hablar sobre cómo combatir la soledad en sus expresiones pecaminosas, debo recordarle repetidamente a mi lector, y a mi alma, que cuando el creyente se siente solo, en este sentido pecaminoso, no es sino una expresión de incredulidad brutal en la que hace casi nulo el poder de la sangre del Cordero, el cual hizo posible una compra tan efectiva que además, ha sellado con el Espíritu Santo, que viene a morar en la vida del mismo creyente. Sentir, pues, que está solo, o que Dios le ha dejado, es como afirmar que Dios haya hecho nula la obra del Señor Jesucristo. ¡Esto es imposible! Así que lo primero que debemos hacer, si realmente hemos creído, es preguntarnos si por causa de nuestra misma falta de comprensión hemos llegado al punto en que nos sentimos solos, cuando en realidad el Espíritu Santo mora en nosotros.

Quiero que entendamos que, si hemos sido redimidos, es imposible que estemos solos, en el sentido pecaminoso de la palabra. Pablo, el apóstol de Jesucristo dice, en relación a las tribulaciones que enfrentaba por causa de la esperanza a la que había sido sujeto por causa de Cristo, que dicha

"esperanza no avergüenza, porque el Amor
de Dios ha sido derramado en los corazones de
los creyentes mediante el Espíritu Santo que
les ha sido dado" (Romanos 5:3-5).

Por cierto, de la esperanza a la que hace referencia, es exactamente la misma de la que habla el apóstol Juan, a saber: el gozar de la presencia total de Dios en Cristo, una vez Él regrese o nosotros partamos de este mundo a Él. Quiere decir que, mientras el creyente aún no disfrute de la plenitud de la redención que Cristo obró a su favor, goza de la presencia de Dios Espíritu Santo para preservarlo, ayudarlo a perseverar , asegurarlo, y sobre todo: para recordarle que él ya goza del abrigo Paterno del que antes, por el pecado, estaba excluido.

Tristemente, aquella soledad que nos lleva a sentirnos lejos de Dios es una pena que nos hace olvidar los dulces sabores que disfrutaremos plenamente cuando el Señor regrese por nosotros. Cuando experimentemos esta soledad malévola, aprendamos a correr a Cristo antes que al pecado o a cualquier otra persona. La lucha con este sentimiento de soledad debe enseñarnos los momentos más urgentes en que debemos apartarnos del ruido y del día a día para buscar la presencia de Dios en la faz de Jesucristo. ¡Amen!

Aclarado esto, hablemos de cómo luchar contra la ansiedad, pese a que ya hemos sido redimidos. Hablemos de la ansiedad considerando que fuera de todo el pecado con el que luchemos aquí, tenemos una esperanza fiel de gozar de la presencia y el favor de Dios de una forma plena en el siglo venidero. Recordando que nuestra redención está completa, pero aún inconclusa en relación con nuestra experiencia. Y refresquemos a la vez nuestras almas con la idea renovada de que, cuando meditamos en los deleites eternos de la plenitud de la redención que tenemos en Cristo, entonces nos purificamos del pecado del que seremos libertados absolutamente.

¿Cómo luchar con la ansiedad?

He tomado tiempo para indagar sobre la ansiedad desde una mirada médica. Si bien es cierto que es una emoción, Álvaro Petit (mi estimado hermano en la fe, médico de profesión, miembro de la iglesia local Palabra de Vida, en Almería) me ha dado una observancia médica donde, según afirma:

> "Hay un nuevo modelo médico que está surgiendo que relaciona muchas de las enfermedades físicas con el aumento elevado del cortisol, el estrés y la ansiedad. Es decir: el estrés y la ansiedad hacen que aumente el cortisol, llevándolo a un desequilibrio que, si se regula, haría que muchas enfermedades desaparezcan".

Ciertamente, la ansiedad produce enfermedad. Ahora, según asevera Álvaro, como médico, de forma empírica,:

> "más del 90% de los casos de ansiedad tienen que ver con una respuesta emocional a ciertos eventos que afectan neurológica y fisiológicamente al cuerpo. Siendo que, las personas, en quizá más del 90%, se identifican con un sentimiento de "«no tener el control»" en dichos eventos".

Tomando estos datos, consideremos el asunto desde la perspectiva bíblica. ¿Quiénes podrían estar más llenos de ansiedad en el sentido de "no tener el control" que los creyentes a los que el apóstol Pablo se dirige en Filipenses 4:6-7? Sin embargo, él los anima diciendo:

> "Por nada estéis afanosos, sino sean conocidas vuestras peticiones delante de Dios en toda oración y ruego, con acción de gracias. Y la paz de Dios, que sobrepasa todo entendimiento, guardará vuestros corazones y vuestros pensamientos en Cristo Jesús".

Para el creyente, la sensación de poseer el control o tener el dominio, no es la respuesta de Dios para que por ello obtenga "paz". Lo que Dios quiere que el creyente haga justo cuando sienta que no tiene el control es que ore y que dé gracias en sus oraciones. Dios, que nos creó, dice: "preséntense delante de Dios con acción de gracias". La gratitud es la respuesta más eficaz que el creyente puede presentar cuando sea afectado emocionalmente por eventos que lo quieran llevar a la ansiedad y el sentimiento de no tener el control.

Ahora, muchos podemos decirnos a nosotros mismos que la clave para vencer la ansiedad es reconocer que Dios es Dios y que Él es Soberano y nada se escapa de Su control perfecto, amoroso, sabio, santo. Y, si bien es cierto, la realidad es que el mandamiento que Dios da para que no caigamos en esta ansiedad no es precisamente meditar en estos atributos suyos. El mandamiento es: "oren con acción de gracias". Porque reconocer intelectualmente que Dios es Soberano no me libra del sentimiento personal que me embarga cuando siento que no tengo el control. De hecho, cuando sé que Dios es soberano y no tengo paz en Él, manifiesto que la ansiedad procede también de un alma que no puede ser satisfecha. Esto no es lo que Dios quiere. Él es mucho más simple que nosotros. Nos dice: "con acción de gracias". ¿Sabes cómo combatir la ansiedad? Sé agradecido a Dios, por Dios y con Dios. Sé agradecido.

¿Cómo ser un creyente agradecido, cuando todo lo que me ocurre es exactamente lo que yo no quiero? Te diré cómo: recuerda que tú, sin Cristo, estabas bajo la ira santa de Dios. Entonces ¿darás gracias a Dios por Cristo? De hacerlo, hay una promesa:

> "Y la paz de Dios, que sobrepasa todo entendimiento, guardará (de donde quiero que observes la promesa: Dios guardará los corazones y los pensamientos de quienes son agradecidos a Él, porque entienden que por Jesucristo han sido reconciliados con Él) vuestros corazones y vuestros pensamientos en Cristo Jesús" (Filipenses 4:7. Comentario entre paréntesis agregado).

La clave para vencer la ansiedad no es tener el control. Es orar. Es ser agradecidos. Y entonces, la obra poderosa de Dios hace que milagrosamente tengas contentamiento, gozo y tranquilidad en medio de las aflicciones presentes; aquellas cosas que no quieres, pero que Dios usa para santificarte y hacerte consciente de la dependencia que tú y yo tenemos de Él. Es entonces cuando nuestros corazones están satisfechos. Nuestros pensamientos, reposados en la dulce y tierna persona de Cristo.

¿Sabes por qué el apóstol Pablo llama a la iglesia en Filipos a hacer oraciones y acciones de gracias y poner sus corazones y pensamientos en Dios en medio de las calamidades que pudieran estar viviendo? Porque el apóstol Pablo sabe que el problema que ninguna situación temporal podría aliviar ya ha sido erradicado. Puede llamar a los creyentes a orar y dar gracias porque son creyentes. Y lo son, porque Dios lo quiso. Este asunto radica en lo eterno, no en lo temporal. Y está fuera del alcance humano. Por tanto, cuando sientas ansiedad en términos de querer tener el control, recuerda que lo que tú realmente mereces es el infierno; el castigo y la ira de Dios. Un corazón que encuentra en Cristo la gran perla de valor atesora para sí el poder alabarlo y dignificarlo porque ha comprendido que lo que él por sí mismo no podía ni quiera tener, ahora lo posee por Cristo y en Cristo. Entonces, la ingratitud que viene acompañada de insatisfacción se ve derrotada cuando pensamos en la realidad de que lo que merecemos es el infierno, y de que, no así, Dios el Padre nos ha dado al Hijo para que por Él experimentemos una paz que no nace al tener el control, sino al ser agradecido.

¿Das gracias a Dios por Cristo? ¿Entiendes que Dios es realmente quien tiene el control de todo, y que Él es el único que gobierna sobre cada aspecto de tu vida? ¿Oras diariamente? Incluso: ¿A cada instante? ¿Tienes una vida de oración? ¿Contemplas a Cristo en Su Palabra? ¿Usas un tiempo diario para leer y orar? ¿Lo haces por gratitud?

¿Das gracias a Dios porque te ha salvado del castigo de la ira eterna y que esa ira y castigo recayeron sobre Cristo para que sobre ti repose amorosamente la presencia favorable de Dios? Siendo así: ¿Das gracias porque el Espíritu Santo mora en ti para recordarte dónde está tu esperanza? ¿Te consuela saber que un día le verás? ¿Puedes dar gracias a Dios porque tienes a otros hermanos con quienes compartir la fe y tener compañerismo en el vínculo de la fe y del amor de Dios en Cristo? ¿O buscas en otras personas una salida para tu ansiedad? ¿Idolatras a las personas pensando que de cualquier manera tu vacío que te llena de ansiedad será saciado? ¿Buscas amistad con personas que en situaciones de ansiedad te llevan a Cristo? ¿O lo haces con quienes te llevan al pecado? ¿Tienes amor por los perdidos?

Quiero que sepas que yo no estoy aquí diciéndote que todas estas preguntas son un "sí" para mí. Solo son preguntas que te deberían ayudar en esta expresión de la soledad y del pecado. Entendiendo que no es por responder afirmativamente a estas preguntas que seremos salvos, sino que Dios nos ha salvado en Cristo. Y que, por lo tanto, quiero que reflexionemos si realmente estamos andando en Cristo. No hay una respuesta fácil para nuestras situaciones emocionales. No hay un folleto de dos o tres pasos para vencer la ansiedad en términos de falta de control, de insatisfacción. Se trata más bien de ser sinceros y traer nuestras mentes y corazones en oración a Dios, dando gracias de antemano porque ya Él nos ha adoptado como hijos por Jesucristo.

Solo quiero dar una recomendación más para la lucha contra esta expresión de la ansiedad. ¡Predícate el evangelio! Y luego: ¡predícale el evangelio a todos cuantos puedas!

No sé si hay algo tan efectivo para vencer la ansiedad en este sentido que predicarse a uno mismo el evangelio, seguido de anunciarlo a otros. No estoy haciendo un llamado a ser pastores o grandes evangelistas. Aunque, si eso sucede, estoy seguro de que podemos orar como lo enseñó el Señor Jesucristo:

> "La mies a la verdad es mucha, mas los obreros pocos; por tanto, rogad al Señor de la mies que envíe obreros a su mies" (Lucas 10:2).

Estoy pensando más bien en tus familiares incrédulos. Estoy pensando en tus compañeros de la infancia que siguen sin Cristo. En aquellos con los que aún tienes contacto. ¡Predícales el evangelio! Y si quieres hacerlo, ¡prepárate para ello! Toma tu Biblia y di: "¡Voy a indagar en ella sobre el evangelio!". Al hacerlo, te estarás predicando a ti, y predicarás a otros. El efecto: gratitud, oración, paz, gozo, alegría. ¿Por qué? Porque habrás contemplado a Dios y a su Hijo Amado. ¡Es imposible que sigas ansioso luego de que esto ocurra!

En *segundo lugar,* la ansiedad puede ser causada por la falta de identidad. En el capítulo uno y dos ya hemos abordado el asunto de la identidad como algo que se pierde por causa del pecado. La soledad nos lleva a esta búsqueda ansiosa de saber y tener claridad en asuntos de identidad en cada área de la vida. La realidad es que el pecado nos roba la identidad porque ya no vivimos para aquello que fuimos creados, esto es: adorar a Dios, viviendo para Él en todo cuanto hacemos. Si hemos sido redimidos, significa que hemos vuelto a poner en Cristo el centro de toda nuestra vida. Pero la experiencia demuestra que, a pesar de encontrarnos en Cristo, hay pecados de ansiedad que deterioran nuestra identidad en Cristo. Hablo de la identidad que tenemos como posesión de Cristo. Cuando se efectúa la redención en nuestras almas, basamos nuestra identidad en que ya no somos del pecado ni del Diablo, sino de Cristo.

Cuando Satanás o el pecado nos asedian, de forma muy precisa, con cosas en las que cada uno de nosotros sabemos que somos atacados, casi siempre suele estar en tela de juicio el hecho de si realmente somos o no de Cristo. La culpabilidad en este aspecto suele ser la herramienta del adversario para hacernos sentir que no somos verdaderos creyentes. Cuando llegamos a este tipo de ansiedad, no solo nos sentimos solos, aunque bien es cierto que no lo estamos; también sentimos que aquello para lo que fuimos redimidos no lo estamos viviendo a plenitud, por lo que nos asaltan las dudas. Ansiedad, falta de identidad e inseguridad concluyen en crisis existenciales y espirituales en las que el Diablo tiene gran experiencia en usar la culpabilidad con la cual llevarnos al hundimiento de la fe. ¿Cómo defendernos ante esto? ¿Cómo luchar contra este tipo de ansiedades? ¿Cómo tener nuestra identidad bien arraigada en Cristo?

He tenido el privilegio de tener relación con hermanos en la fe que han sido sinceros conmigo y me han expresado este tipo de inquietudes. Lamentablemente, es muy difícil encontrar en algún creyente este tipo de emociones pecaminosas sin que a su vez la seguridad de su salvación se vea afectada. Cabe destacar que el tipo de identidad al que me estoy refiriendo justo ahora está vinculado a la seguridad que un creyente posee en cuanto a su relación con Dios mediante Cristo al ser redimido. Sabemos que, según lo que hemos visto en torno a la redención, la misma significa que Cristo nos ha comprado con su sangre preciosa, y esto nos trae de vuelta a casa, de donde fuimos echados por causa del pecado. La cuestión es que la identidad de un creyente consiste en el hecho de que Cristo lo compró, y esto fue hecho una vez y para siempre. La pelea espiritual no está en lo que Cristo ha hecho, está en cómo reacciona el creyente a esta realidad cuando los pecados expresados en la soledad, la ansiedad y la falta de identidad asedian su alma… Me gustaría decir que la vida cristiana es todo color de rosas y que estas luchas no existen y que con solo hacer esto o aquello estaremos lejos del alcance de las artimañas del Diablo y de nuestro corazón corrupto. Pero no es así. La vida cristiana es, de hecho, una pelea sin descanso.

Puedes decirle a un hombre que es libre, y no por ello sabrá vivir sin obedecer la voz de sus esclavizadores. El pecado y el diablo siguen gritando con múltiples ataques que aún somos sus esclavos. ¿Cómo pelear esta dura pelea de identidad? Creo que hay dos creyentes que nos entienden muy bien. El primero nos dijo, hace más de dos mil años:

> ¿Qué diremos, pues? ¿La ley es pecado? En ninguna manera. Pero yo no conocí el pecado sino por la ley; porque tampoco conociera la codicia, si la ley no dijera: No codiciarás. Mas el pecado, tomando ocasión por el mandamiento, produjo en mí toda codicia; porque sin la ley el pecado está muerto. Y yo sin la ley vivía en un tiempo; pero venido el mandamiento, el pecado revivió y yo morí. Y hallé que el mismo mandamiento que era para vida, a mí me resultó para muerte; porque el pecado, tomando ocasión por el mandamiento, me engañó, y por él me mató. De manera que la ley a la verdad es santa, y el mandamiento santo, justo y bueno. ¿Luego lo que es bueno, vino a ser muerte para mí? En ninguna manera; sino que el pecado, para mostrarse pecado, produjo en mí la muerte por medio de lo que es bueno, a fin de que por el mandamiento el pecado llegase a

ser sobremanera pecaminoso. Porque sabemos que la ley es espiritual; más yo soy carnal, vendido al pecado. Porque lo que hago, no lo entiendo; pues no hago lo que quiero, sino lo que aborrezco, eso hago. Y si lo que no quiero, esto hago, apruebo que la ley es buena. De manera que ya no soy yo quien hace aquello, sino el pecado que mora en mí. Y yo sé que en mí, esto es, en mi carne, no mora el bien; porque el querer el bien está en mí, pero no el hacerlo. Porque no hago el bien que quiero, sino el mal que no quiero, eso hago. Y si hago lo que no quiero, ya no lo hago yo, sino el pecado que mora en mí. Así que, queriendo yo hacer el bien, hallo esta ley: que el mal está en mí. Porque según el hombre interior, me deleito en la ley de Dios; pero veo otra ley que se rebela contra la ley de mi mente, y que me lleva cautivo a la ley del pecado que está en mis miembros. ¡Miserable de mí! ¿Quién me librará de este cuerpo de muerte? Gracias doy a Dios, por Jesucristo Señor nuestro. Así que, yo mismo con la mente sirvo a la ley de Dios, mas con la carne a la ley del pecado (El autor de estas palabras es el mismísimo apóstol Pablo, escribiendo a los creyentes congregados en la Roma de entonces. La cita es: Romanos 7:7-25).

¿Ves, amado creyente, que el pecado produce en nosotros esta ansiedad con la que perdemos la identidad de saber si somos de Dios en Cristo? ¿Logras ver que quien escribe estas palabras es el apóstol Pablo, que es el mismo autor que he citado al referir Filipenses 4:6-7? Así que, ¿qué hacer cuando tenemos este choque de identidad, por causa de que eventualmente no vivimos a la altura de la gloria que hemos probado en Cristo Jesús y, por lo tanto, perdemos el ánimo, la identidad y la seguridad que tenemos en Él? El segundo creyente que dije que nos entiende muy bien está escondido, de forma humana, porque no se sabe exactamente quién fue el autor de las siguientes palabras que citaré, pero, ya que estas palabras están en la Sagrada Escritura, déjame decirte que el autor final es Dios mismo. Hermanos: Dios, en Cristo, y por Su Santo Espíritu nos entiende. Lean:

> Por tanto, teniendo un gran sumo sacerdote que traspasó los cielos, Jesús el Hijo de Dios, retengamos nuestra profesión. Porque no tenemos un sumo sacerdote que no pueda compadecerse de nuestras debilidades, sino uno que fue tentado en todo según nuestra semejanza, pero sin pecado. Acerquémonos, pues, confiadamente al trono de la gracia, para alcanzar misericordia y hallar gracia para el oportuno socorro (Hebreos 4:14-16).

¿Pueden imaginar que Cristo mismo nos entiende? ¿Pueden imaginar que Jesús, el Dios Encarnado, la segunda gloriosa persona de la Santa Trinidad, comprende nuestras faltas? Él fue puesto en tentación, pero para nuestro provecho, no se hizo esclavo ni del pecado ni del Diablo. Entrando en la presencia de Dios el Padre, se ofreció como el Cordero que quita nuestros pecados. Pero, mientras permanezcamos en este cuerpo de muerte, como lo hemos visto que lo afirma el apóstol Pablo, tendremos una lucha contra el pecado. Satanás sabe con precisión usar la culpabilidad para decirnos: "¡No eres hijo de Dios! ¡Sigues siendo mío!". ¿A quién vas a creerle? Pues créele a Cristo. Él te entiende a la perfección. Su gracia es tal que, así, con toda y culpa, puedes venir al trono de la gracia.

¡Amados! *"¡De la gracia!"*, el trono al que los creyentes podemos acceder es de gracia. No de justicia. A ese trono, por así decirlo, se enfrentó Cristo por ti en el calvario. Y su ofrenda hizo perfecta nuestras almas. Cada vez que tengamos esta sensación de soledad que nos llena de ansiedad, falta de identidad en Cristo y, por ende, inseguridad, ¡ven al trono de la gracia!

¿Cómo hacerlo, cuando ya ni quieres orar? Llama a un hermano en la fe. Confiesa tu situación a otro que pueda llevar la carga contigo. Y si no tienes a tal persona, empieza a orar para que Dios te coloque a hermanos que lleven la carga contigo. Cuando Cristo nos redime, nos incorpora a un cuerpo de creyentes. Uno de los propósitos de esto es precisamente que aprendamos que, juntos, manteniendo el vínculo del amor en Cristo y de la paz, es que debemos soportarnos y llevarnos las cargas los unos con los otros. Ve al culto de oración de tu iglesia. No te pierdas el poder orar junto a otros hermanos. Dios abre los cielos de Su gracia cuando la iglesia se reúne a orar a Su nombre mediante Cristo. Cuando estés enfrentando estas adversidades del alma en tus emociones, busca en Cristo a un amigo. Él, ciertamente, es el mejor amigo que el creyente jamás tendrá.

Oremos:

Amado Padre: quiero pedirte perdón. Perdón porque, cuando escucho la voz del enemigo que se vale de mi pecado, dejo de escuchar la dulce voz de tu Hijo Amado. Cristo es mi fiel abogado. Ciertamente no era sino un pecador cuando Él vino y me mostró tu Amor. Aun así, con el paso del tiempo debería ser experto en buscar refugio en Ti. Gana terreno la culpa, me alejo, pierdo Tu gozo, el cual me diste.

¡Perdóname, Padre! Tengo ganas de desaparecer cuando me persigue el acusador, en vez de coabijarme en tus alas, corro al abismo de mi propia corrupción. ¿Acaso podré hacer que dejes de amarme, si Tú me escogiste desde antes de la fundación del mundo, y llegaste a mi vida aun a pesar de que para entonces solo vivía maldiciendo tu nombre, revuelto en mis pecados? ¿Haré yo por Ti más de lo que Tú has hecho por mí? ¡Perdóname, Padre! Echo por la borda todo tu Amor manifestado en cruz, cuando menosprecio la eficacia de ella. Mi pecado me ciega. Mis oídos se tapan. Tú me has mostrado que, en Jesús, tengo acceso a Tu trono de gracia. ¡De gracia! ¡Cuántas y tantas ocasiones me dejo ir de Cristo, cuando debería correr a Él! Te doy gracias, al igual que el apóstol Pablo, por Cristo. ¡Su nombre es la gloria de Tu faz y la hermosura de Tu favor! Padre: ¡No quiero errar! Pero siempre lo hago. ¿Me darás consuelo? ¡Oh, Señor!, ¿me dejarás entrar una vez más al abrigo de tus alas? ¡Hace frío fuera de Ti, Señor! Solo en Ti encuentro paz. ¡Sublime paz! Señor, aunque yo sea torpe, ¡Tú sé siempre mi socorro! Cuando temo, ayúdame a temer el estar lejos de Ti. Pero al Diablo a y sus acusaciones desprecio. ¡Cristo es mi defensor! ¡Destruirá para siempre las artimañas del acusador! En Cristo, Tú eres mi Padre. Tú cuidarás de mí, porque amas a tu Hijo. Él su sangre vertió. ¡Mi identidad!, ¡mi seguridad!, ¡Él es! Ya no hay ansiedad. Estoy seguro en Él, porque gracias a su cruz, ahora puedo llamarte a Ti, oh Señor, mi Padre. Y si mío, entonces Tuyo soy. De nadie más. ¡Amén!

En *tercer y último lugar*, la falta de propósito. Hemos dicho que, una de las posibles formas de la ansiedad sea "el sentimiento no tener las cosas bajo control", ante lo cual hemos visto que lo que debemos hacer para luchar contra este sentimiento es ser agradecidos. Ser agradecidos va al corazón del problema ya que un corazón agradecido es un corazón que entiende que realmente lo único que merece es el infierno. Dios, sin embargo, nos ha dado a Cristo. Esto coloca nuestra mirada en lo eterno. En la reconciliación, en la paz que Él nos da en medio de cualquier situación. Ahora, también hemos hablado de la identidad. Admito que mi corazón se ha llenado de lágrimas mientras escribía sobre esto. ¡Gloria a Dios por Jesucristo! Así que, según entiendo yo, creo que una causa más que puede detonar en nuestras emociones ansiedad es la falta de propósito. Dicho de otra manera: perder el rumbo en la vida cristiana, en cada aspecto de la misma.

Podemos afirmar que en muchas ocasiones sentimos esta falta de propósito que nos llena de ansiedad y puede llevarnos a largos periodos de inseguridad, poco fruto espiritual y un sinfín de dificultades. Pero, cuando hablamos de "propósito", debemos pensar directamente en dos realidades. La *primera* es: ¿Quién soy? La *segunda*: ¿Para qué he sido creado?

Relacionado con la primera, entendemos estar hablando nuevamente de la *identidad* en Cristo Jesús. Esta vez no desde el mismo ángulo que hemos visto. Es un poco más profundo. Hablamos de la identidad en base a lo que el Señor dice que somos. Tiene su raíz en lo que soy en Cristo y por Cristo. En este sentido, veremos algunos pasajes que nos retratan esta identidad, y luego veremos la lucha existente a la hora de asimilar la verdad bíblica de lo que *somos* en Cristo y, lo que el mundo o el sistema actual dice que somos.

Juan 1:12 nos dice:

> "Mas a todos los que le recibieron, a los que creen en su nombre, les dio potestad de ser hechos hijos de Dios".

Piensa en estas palabras. Si nosotros no creemos, en efecto, no somos hijos de Dios en términos de reconciliación. Si creemos, por su parte, hemos sido, por Cristo, traídos nuevamente a casa, donde nuestra identidad está afianzada en *ser* hijos de Dios por la fe en Cristo Jesús. ¿Has creído en Cristo como tu Señor y Salvador? ¿Le has confesado tu errante pecado, y suplicado que te dé su perdón? De ser así, estás contado entre aquellos que Juan dice que "han creído en el Nombre de Cristo Jesús". Es decir: *eres* hijo de Dios por la fe.

Veamos otro pasaje:

> "Porque todos los que son guiados por el Espíritu de Dios, éstos *son* hijos de Dios. Pues no habéis recibido el espíritu de esclavitud para estar otra vez en temor, sino que habéis recibido el espíritu de *adopción*, por el cual clamamos: ¡Abba, Padre! El Espíritu mismo da testimonio a nuestro espíritu, de que *somos* hijos de Dios. Y si *hijos*, también herederos; herederos de Dios y coherederos con Cristo, si

es que padecemos juntamente con él, para
que juntamente con él *seamos* glorificados"
(Romanos 8:14-17).

¡Es indecible la belleza de este texto! ¿Cuántas alusiones al mismo tema de ser hijos de Dios? En la primera línea dice el apóstol: "Los que son guiados por el Espíritu de Dios, estos *son* hijos de Dios". Aquí la primera. Y la segunda: "Pues no habéis recibido el espíritu de esclavitud para estar otra vez en temor, sino que habéis recibido el espíritu de *adopción*, por el cual clamamos: ¡Abba, Padre!". Tercera: "El Espíritu mismo (cabe destacar que cuando el texto se traduce "espíritu" con "e" en minúscula, se refiere al espíritu o parte inmaterial que cada ser humano posee, más cuando se traduce con "E" en mayúscula, alude directamente al Santo Espíritu de Dios, la tercera persona de la gloriosa Trinidad) da testimonio a nuestro espíritu, de que *somos* hijos de Dios". Hay una cuarta mención directa hacia la misma verdad en tan solo tres versículos: "Y si *hijos*, también herederos".

¿Hay dudas de quiénes somos en Cristo? ¡NO!

Hay otros pasajes que nos dicen quiénes somos como iglesia, o como cuerpo de Cristo aquí en la tierra. No los citaré porque mi propósito es dejar ver lo que cada uno de nosotros *somos* en Cristo Jesús. De aquí nace nuestra identidad en relación a lo que somos. ¡Somos hijos de Dios en Cristo! Esto define el propósito de nuestras vidas. Tanto en lo temporal, como en lo eterno. Así que, básicamente, yo soy lo que Dios dice que soy. Y esto, si estoy en Cristo. Juan 1:12 me habla de la fe en Cristo para ser hijo de Dios, pues de lo contrario, como he aclarado en los dos primeros capítulos, seguiríamos siendo hijos del Diablo, esclavos del pecado. Somos lo que Cristo dice que somos, solamente en Él. Ahora, si esto es lo que somos (hijos adoptados en Cristo), ¿por qué temer? ¿Por qué dudar? El apóstol Pablo enfatiza cuatro veces, en tan solo tres versos, nuestra identidad en Cristo como hijos de Dios. ¿Por qué, pues, dudamos?

Cuando tengo claridad y seguridad de lo que soy en Cristo

Jesús, las dudas internas desaparecen. Las dificultades con que siento que soy absorbido o contristado se van. Es un efecto de tener convicción de lo que soy en Cristo. El problema es que vivimos en un mundo que temporal y parcialmente es dirigido por el Diablo, sumado al hecho de que la mayoría de sus habitantes no son hijos de Dios por la fe en Cristo, sino del Diablo por su obediencia al pecado; justo lo que éramos nosotros antes de haber creído por gracia en el anuncio del evangelio que afirma que en Cristo *"hemos sido trasladados del reino de las tinieblas al reino de la Luz" (Colosenses 1:13),* cuyo Rey es Cristo; quien es nuestro nuevo Dueño; que nos ha comprado con su precisa sangre. Ya que vivimos temporalmente en este mundo, cuya potestad sigue siendo de Satanás, y cuyos habitantes están "contentos y felices" en sus pecados, nos vemos afectados por sus influencias.

Quiero hablar un poco de cómo el mundo, gobernado parcialmente por Satanás, ejerce esta influencia en los que somos hijos de Dios por Cristo. ¿Qué mensaje ven y leen tus ojos? ¿Cuál el mensaje entrando por tus oídos? Nosotros somos afectados diariamente por lo que "vemos", "leemos" y "escuchamos". Así que es evidente que debo hacer mención de la música, la literatura, las películas y todo lo que entra por nuestros oídos y nuestros ojos. Todo lo que entra por nuestros ojos o por nuestros oídos, si somos conscientes, nos está dando, directa o indirectamente, un mensaje sobre nuestra identidad. Ahora, tú no estás loco, ni vives en un submundo. Sabes lo que el mundo promueve. De hecho, lo sabes. La cuestión es que se nos hace pensar que lo que vemos, leemos y oímos no tiene el potencial de afectar nuestra identidad. Este es el engaño del diablo. ¿Y sabes algo? Los impíos que gobiernan sobre las naciones lo saben.

Si el apóstol Pablo se toma con tanta urgencia el enfatizar en tan solo tres versos nuestra identidad en Cristo Jesús, debemos considerar que el Diablo se toma el mismo interés por afirmar lo contrario. Pero, ¿cuánto tiempo pasa un creyente viendo, leyendo y escuchando el mensaje del evangelio?

¿Cuántas horas escucha y lee: "Eres hijo de Dios en Cristo por la fe?". En contraste: ¿cuántas horas escucha, lee y ve, directa o indirectamente lo contrario?

Hay una historia que comentaba un hermano de la iglesia local en que hace un tiempo hago vida. Este hermano nos dijo, no sé si como un hecho verdadero o simplemente una ilustración, pero nos dijo:

> "Había un muchacho que estaba viendo una película con su abuela. En la misma, hay un asesinato. La abuela, al ver que esto ocurre, grita desesperada a su nieto: '¡La policía! ¡La policía!, hijo. ¡Llama a la policía! ¡Ese hombre ha cometido asesinato!'. El nieto se quedó mirando a la abuela, con cara de '¡¿y a mi abuela qué le pasó?!'".

Vemos con nuestros ojos lo que debería ser un escándalo, y ya no nos escandalizamos. ¿Por qué? Porque hemos sido acomodados a pensar que es solo una película. Ya es tan común ver un asesinato que no solo no nos escandaliza, sino que esperamos ver algo más atroz para poder conmovernos o decir: "¡qué fuerte!". Luego escuchamos canciones que ponen su enfoque en las emociones y el egoísmo y cualquier cosa menos en Cristo, y nosotros queremos que, al llegar la noche, cuando estemos en nuestras habitaciones, tengamos clara seguridad de lo que somos en Cristo. ¡Somos tan ingenuos, hermanos!

¿Cómo hemos de luchar? Simple: mantén tu mente, viendo, leyendo y oyendo solo a Cristo. ¿Fácil? ¡Para nada! Se hace más difícil cuando el mensaje que vemos, leemos o escuchamos es opuesto. Pero debes hacerte estas preguntas en relación a lo que tú sí puedes escoger ver, leer o escuchar: ¿Estás viendo, leyendo y escuchando el mensaje del evangelio? Por favor, dejemos la niñería en otro lugar. Aquí estamos hablando de que todo lo que tú permites que entre a tu mente por lo que ves, lees o escuchas va a afectar tu identidad como hijo de Dios en Cristo Jesús. ¡Es casi un absurdo pensar que vamos a tener convicciones fuertes si lo que vemos, leemos y escuchamos contradice lo que Dios dice que somos en Cristo! No estoy diciendo que debes aislarte del mundo, en el sentido monasterial. No. Estoy diciendo que lo que ves, lees y oyes afecta, quieras o no, a tu identidad en Cristo. Y quiero que sepas que quien está detrás de los ataques visibles y audibles que atentan contra tu identidad en Cristo, que después te llevan a la ansiedad por falta de propósito, es el Diablo; el enemigo de tu alma. Quien está detrás de todo el sistema que promueve una vida independiente y separada de Dios en Cristo; quien promueve por medio de lo audiovisual la egolatría y el estar centrado en uno mismo es el Diablo. A él le encantaría que tú fueses arrebatado de la mano de Cristo y fueses arrojado con él al infierno. ¡Él te odia! Y tú no puedes darte el lujo de pensar que puedes escuchar más la voz del mundo y del Diablo, y que, a pesar de ello, vas a estar firme en tu identidad. No puedes estar arraigado en Cristo si la fuente de donde sacas tu alimento es el mundo.

Hermano/a, debo animarte a contrarrestar esto. Toma un tiempo a solas con tu Dios diariamente, antes de salir a trabajar y enfrentarte al mundo. Si tienes la libertad de escoger lo que ves o escuchas, mantente escuchando al pastor de tu alma. Busca siempre estar meditando en la Biblia. Es decir: lee diariamente un pasaje, y luego en tu diario, refresca ese pasaje en tu mente. Busca hermanos con quienes puedas llevar esta carga. Con tu cónyuge, si es creyente. ¡Estamos siendo atacados en nuestra identidad desde que el Diablo tentó a Eva en el huerto y Adán cayó con ella! Esta realidad no ha cambiado por el sublime hecho de que Cristo nos haya comprado. ¡No! Lo que esto significa es que ya no tenemos por qué escuchar al Diablo y sus mentiras. ¡Podemos decir que no a sus engaños!

La _segunda_ realidad de la que debemos hablar como creyentes gira en torno al propósito de nuestras vidas. A saber: adorar a Dios. La primera que he mencionado tiene relación con la "identidad", en el sentido de "quiénes" somos en Cristo. ¡Somos sus hijos! Ahora: ¿Para qué fuimos creados? De manera más específica: ¿para qué hemos sido redimidos? La respuesta: para adorar única y exclusivamente a Dios.

Sé que con esta segunda realidad muchos de nosotros pudiéramos estar pensando en un escenario de alabanzas o canciones entonadas en un culto dominical. Si bien eso es parte, no es todo. Cuando digo que fuimos creados y redimidos para adorar a Dios, estoy pensando en el fin mismo de nuestra existencia. Fuimos hechos para adorar. Esto no es un evento, es toda nuestra vida. Quiero asociar la adoración con el amor. Tú no amas a alguien porque cada domingo vayas y le cantas, o entonas himnos. Cuando amas a alguien, lo manifiestas en que día tras día te esfuerzas en agradarle. Esa es la suprema expresión de la adoración. Estoy pensando en un texto particularmente. ¿Sabes cuál? Sí, Juan 14:15: *"Si me amáis, guardad mis mandamientos"*, dice el Señor Jesucristo. Ahora piensa en este otro:

> "Dios es Espíritu; y los que le adoran, en espíritu y en verdad es necesario que le adoren" (Juan 4:24).

El primer texto citado alude a la obediencia como la evidencia magna del amor que podían expresar los discípulos a Su Señor Jesús. El segundo, sin embargo, destruye la idea de que la adoración es un acto meramente litúrgico. Es decir: la falsa concepción de que alabar al Señor se resumen en brindarle un culto dominical. Nuestro propósito de vida va más profundo. Se trata del eje de vida. Si yo no estoy viviendo para obedecer y amar, adorar y reverenciar a Cristo, básicamente no estoy viviendo para aquello para lo que fui creado, y déjame agregar aquí otro término: redimido.

Nadie que no sea redimido puede adorar, en el sentido pleno de la palabra, a Dios. Como mucho, podría ir un domingo a la iglesia y cantar unos minutos junto a otras personas. Pero no puede obedecer de corazón a Cristo porque aún es esclavo del pecado y del Diablo. Su obediencia sigue siendo a sí mismo. Por ende, se adora a sí mismo. No adora a Dios en Cristo. Así que debemos profundizar en esto: ¿Adoramos a Dios? ¿O simplemente le damos una migaja del tiempo que creemos nuestro, anestesiando así la conciencia? La respuesta puede y debe venir en la siguiente pregunta: ¿Amas a Dios?

¿Anhelas, por la fe, obedecer Su Palabra? Si las respuestas a estas interrogantes son positivas, serás consecuente con que tengas una relación íntima con Dios mediante Su Palabra.

Cuando sentimos que la vida no tiene propósito, muy probablemente estemos cayendo en el engaño del corazón y del Diablo que nos dicen que vivir para Dios no es suficiente. "Él no puede satisfacernos enteramente", susurran. ¡Mentira! ¡Dios lo lleno todo en todo!

¡Solo Él sacia!

¿Cómo pelear cuando siento un despropósito en mi vida? Amado: quita los ídolos.

¿Qué? Sí. Quita los ídolos. Con "idolos", estoy pensando en aquello que crees que le puede dar sentido a tu vida. Si tu vida gira alrededor de alguien, o algo, y no en Dios, entonces ya estamos acercándonos a estos ídolos. En este punto no estoy aludiendo, necesariamente, a pecados explícitos, tales como la inmoralidad sexual, el alcoholismo, u otros. No. Estoy hablando de la codicia. De la envidia. Del orgullo. De la autoexaltación, que es opuesta a la humildad y que es contraria a Cristo. Hablo, incluso, de cosas legítimas que suplantan tu adoración y obediencia a Dios por la fe en Cristo. Cosas que anhelas, que te hacen suspirar más que el tener comunión con tu Padre eterno. Sí, como el matrimonio, los hijos, o incluso el servicio ministerial a Dios. Quita los ídolos.

La vida debe girar en torno a mi afecto supremo de complacer a Dios en Cristo mediante cada cosa que hago, veo, leo, o escucho. La adoración tiene su nido en el alma. Se cobija en los pensamientos y se conserva en el corazón. La vida, por tanto, es una adoración perpetua. Adoración que Dios no comparte con nadie más. Fuimos creados para adorar. El pecado no nos quita el hacerlo, sino que dirige hacia otras cosas o personas nuestra adoración, quitando a Dios del supremo honor del que es digno, por el solo hecho de ser Dios y, porque, además, nos ha redimido en Cristo.

¿Cómo adorar a Dios con nuestras vidas, cuando caemos en la triste sensación de ansiedad? ¿Cómo hacerlo, cuando la soledad nos aleja de Dios en nuestros corazones, sintiendo que el propósito de nuestras vidas se pierde? Sé que es muy duro. Lo admito. La expresión que me parece adecuada es: arrepentimiento continuo. Admitir que somos propensos a tener ídolos, donde solo Dios debe ser adorado con nuestra vida en integridad. Los casados deben ser honestos, porque difícilmente haya un amor humano que sea tan intenso como ese, de manera que es fácil caer en la idolatría de pensar que el alma se sacia por tener el amor marital. Lo mismo ocurre con los hijos, y con cada área de nuestras vidas donde la obediencia a Dios por Cristo se ve afectada. Es justo y necesario decir que es muy bienaventurado aquel que recibe la bendición de un matrimonio dentro de la voluntad de Dios. Gloria al Señor por padres que gozan de la bendición de los hijos. Pero el afecto supremo de nuestros corazones debe ser el honrar a Dios en el matrimonio y la crianza de los hijos, pues de esa manera le adoramos con espíritu genuino y en la verdad de Su Palabra. Lo mismo se aplica para cada área de nuestras vidas. Cuando somos conscientes de que hay algún área en la que, conforme a la Verdad, no estamos obedeciendo por fe a nuestro Señor, necesitamos confesar nuestro pecado a Dios y suplicar su ayuda para seguir adorándolo con nuestra vida de obediencia. De aquí que el término "arrepentimiento continuo" me resulte tan preciso, pues constantemente somos alertados cuando vemos que hemos dejado de adorar al Señor en algún un aspecto de nuestras vidas.

Algo que debe darnos consuelo es que Dios no nos recibe porque nuestra vida de adoración sea perfecta y exclusiva.

¡No! Él nos recibe en la fe, porque Cristo vivió para adorarlo. La adoración que Cristo presentó al Padre fue tan exclusiva, tan de acuerdo a Su Palabra, que podemos decir que el único que nunca tuvo ídolos en su corazón fue Él. Su único deseo fue obedecer al Padre.

Tú mismo puedes ver en tantas ocasiones cuando Dios el Hijo afirma que Su voluntad era hacer la Voluntad del que lo envió. Cristo realmente vivió para la exclusiva adoración al Padre. Pero la suma de toda la voluntad del Padre sobre Dios el Hijo fue la muerte de cruz con que expiaría nuestras desobediencias, nuestra idolatría. No es nada descabellado afirmar que los que realmente pueden vivir para adorar a Dios son aquellos que han sido redimidos por Cristo. Si este es tu caso, creo fielmente que tu propósito es ser un adorador de Dios. Cuando te sientas desanimado porque crees que la vida no tiene sentido, recuerda que el propósito de tu vida es adorar a Dios. Recuerda, amado lector, que este propósito no está limitado a ciertas áreas de la vida. Afírmate en la verdad de que has sido redimido/a para poder vivir en el propósito de adorar al Padre. Recuerda que, gracias a la vida de perfecta obediencia de Cristo, y en virtud de su muerte en la cruz, el Padre te recibe como un verdadero adorador, en espíritu y en verdad. ¿Qué hacer, pues, cuando la ansiedad ataca, y la soledad, la identidad y el despropósito nos inunda? Arrepiéntete continuamente; mira siempre hacia la cruz. No habrá razón por la que debas estar triste, abatido o derrotado. ¡No! Su Santo Espíritu levantará tu alma. Adorarás a Aquel que nos salvó por gracia. ¡AMÉN!

¿Cómo luchar contra el silencio?

A grandes rasgos, en el capítulo uno definimos este "silencio" como estar ensimismado. Lo que lleva a las personas a ignorar al resto del mundo, dándoles igual tener reuniones con nuestros hermanos en la fe, o cualquier otra persona. Se vuelven indiferentes. Se pierde el deseo hacia Dios. En el capítulo 2 se concluyó que este estado de vida se desprende directamente del pecado. Particularmente, del egoísmo, la victimización y, si podemos usar la expresión, del resentimiento.

La pregunta, ahora que hemos visto la doctrina de la redención, es: ¿nos volvemos intocables en relación a estas emociones? ¿Damos por sentado que, por ser redimidos, estas emociones ya no nos afectan? Indudablemente, cada lector respondería conmigo que eso no sucede. Nuevamente, debemos reconocer que estas emociones son expresiones de un corazón pecador desde su misma naturaleza. La primera defensa que podemos presentar para luchar exitosamente contra esta emoción pecaminosa es reconocer que hay quienes, por causa del pecado, sufren este tipo de sentimientos.

La primera barrera que se debe superar está en reconocer que de nuestro corazón emergen estas perversiones. ¿Cómo es esto posible? Aún no somos lo que habremos de ser. Seguimos combatiendo contra el vestigio de pecado en nuestro cuerpo, y eso será así hasta la venida del Señor Jesucristo.

Pongamos ahora un poco de atención a dos realidades pecaminosas que se expresan en este "silencio". La primera de ellas: el egoísmo. ¿Qué es el egoísmo? Es la falsa idea de que todo es como yo digo que es; se hace lo que yo quiero que se haga; se piensa lo que yo quiero que se piense; se vive solo de acuerdo a cómo yo veo la vida; se es feliz solo cuando se hace lo que yo quiero que se haga. De manera que el egoísmo alcanza su fin cuando todo está bajo sus antojos. ¿En serio? "¡Entonces es imposible que yo sea cristiano!", concluirá. Bueno, en realidad, el hecho de que seamos cristianos depende solamente de Dios, que ha tenido misericordia de nosotros, y nos ha dado a Cristo. Sin embargo, luchamos contra este egoísmo que nos hace ir tras de los antojos, involucrando a los demás cuando los deseos pueden ser satisfechos por medio de otras personas.

Ahora bien, si, al fin y al cabo, estar ensimismado es ser totalmente indiferente a los demás, ¿cómo fusionamos esta indiferencia con la necesidad que tenemos los unos de los otros? El ensimismado usará a las personas con agrado solo cuando haya algo que pueda suplirse a sí mismo por medio de ellas. A propósito, las redes sociales se han convertido en un claro reflejo de esta verdad.

Hace algún tiempo, en Facebook, escuché una reflexión en relación a las cámaras antiguas (es decir, cámaras de veinte años atrás, o a lo sumo, treinta). Quien hablaba mencionó que, cuando la primera cámara salió, el diseño apuntaba hacia afuera, no hacia dentro. Hoy, sin embargo, las cámaras miran hacia dentro, fijando el foco en uno mismo. ¿Curioso, no? La vida tenia sentido porque las personas ponían su mirada en lo que tenían al frente. Pero hoy, el yoísmo narcisista es tan abrupto que las pantallas tienen que señalarnos a nosotros mismos. ¡Así que este egoísmo se manifiesta de tantas maneras! Nunca habrá suficiente para demostrar lo egoístas que somos. La primera manera de luchar contra este egoísmo yace en reconocer nuestro perverso corazón.

Las redes sociales no son malas en sí, lo somos nosotros. Volviendo a lo que vemos, leemos y escuchamos, ¿qué se promueve? ¿Hay algo de yoísmo en la música o las imágenes que nos rodean por doquier? ¿Qué hay en los libros? Las preguntas lucen tan retóricas que no necesitan mayor énfasis. Pienso en las palabras que producen el lado opuesto a este egoísmo; la resistencia y rebelión a estas canciones, libros e imágenes promoviendo el yoísmo:

> *Fuiste Tú quien me enseñó, a mirar con otros ojos*
> *A descubrir el valor, infinito de los otros*
> *Fuiste Tú quien me mostró que la vida se comparte*
> *Que vivir para sí mismo, es perder la mejor parte*
> *Fuiste Tú*[5]

Debemos descansar en la obra perfecta del Señor Jesús a nuestro favor, teniendo en cuanta la hermosura de la promesa

---

[5] Santiago Benavides. Canción: *Fuiste Tú.*

de que seremos despojados de este cuerpo de muerte. Pero, mientras peregrinamos, debemos vigilar las manifestaciones de nuestro corazón egoísta. Pero a un incrédulo yo no le diría que debe mirar hacia afuera porque primero debe entender que su pecado lo aleja de Dios. Sin embargo, cuando somos redimidos, es un mandamiento urgente el mirar a Dios, poner nuestra atención en Cristo. De esa manera, las cosas no van a girar alrededor de nuestros deseos. Lo harán en torno de la preciosa y amada persona de Jesucristo. Cuando veamos más a Cristo que a nuestro corazón egoísta, miraremos más hacia afuera. Veremos las necesidades de otros hermanos o conocidos, y nos dará gozo poder participar de suplirlas, porque hemos experimentado cómo Dios ha suplido en Cristo nuestra necesidad elemental de ser reconciliados con Él. Miraremos hacia afuera, cuando nuestros ojos estén puestos en quien nos salvó. No dejaremos perder las oportunidades de servir a otros, sirviendo a Dios, cuando nuestro corazón entienda que su egoísmo solo produce ruinas, mas Cristo, ¡vida exuberante! No tendremos mayor cuidado de nuestros antojos; lo tendremos de alentar a otros en el camino. ¡Oh, que dulce es poder imitar a Cristo! ¡Si Él, siendo Dios, no estimó el ser igual a Dios, ¿qué debería hacer yo, sino estimar a Cristo y a mis hermanos en la fe, y aun a todos los hombres como mayores en importancia y valor que yo?!

Otra realidad con la que vemos hay una lucha en este "silencio" o estarse "ensimismado" es la victimización de la que ya hemos hecho mención. ¿Cómo lucha un creyente con esta emoción? Amados: no somos víctimas. Este es el primer paso que debemos dar, si queremos vencer la victimización que se encubre en esta experiencia pecaminosa en las emociones. Antes de pensar que no eres todo lo que quisiste ser porque no tuviste esta o aquella oportunidad, piensa en la hermosa verdad de que pudiste ser dejado en tus pecados, mas Dios en Su misericordia te ha salvado. La vida, así entendida, ya no trata de nosotros; de ti o de mí. Se trata de Él. En vez de decir que no has logrado esto o aquello porque no tuviste el suficiente apoyo de cual o tal persona, di: "por gracia soy lo que soy". Y esto, solo en la gracia del Señor.

Podrías proferir que tus padres fueron crueles, que por ello tú lo eres; pero cuando analizas el evangelio, tú y yo solo merecemos el infierno, ya que hemos pecado contra el Dios santo, único y verdadero. Siendo así, ¿no hemos sido perdonados de todos nuestros pecados en Cristo Jesús? Si Él nos da perdón, nosotros debiéramos olvidar cualquier ofensa. Por muy herido que haya sido nuestro corazón, aun tratándose de nuestros familiares o amigos; nada iguala la gran ofensa que hemos hecho a Dios. No hay lugar para el rencor; lo hay para el perdón.

No digas que en la iglesia no creces espiritualmente porque el pastor simplemente no te atiende lo mucho que tú necesitas ser atendido. Antes, procura crecer en amor, dando primero lo que quieres que te den. Pero, incluso, si no recibes el mismo afecto, mientras el amor de Dios no se agote, tampoco se apacigüe tu deseo de hacer el bien. En fin, dejemos de culpar a los demás por nuestras insatisfacciones. Dejemos el pensamiento "yoísta" que hace de los demás nuestros sirvientes. ¡Dejemos de camuflar este egoísmo con expresiones de lástima, de autoconmiseración! ¡La vida se trata de Cristo! El amor, la gracia y los dones que Él nos ha dado nos son otorgados para que sirvamos, no para que nos tengan que servir. La gente no es un medio por el cual tú alcances deseos egoístas; deben ser receptores de la gracia y el amor que Dios ha derramado sobre ti, al enviar a Cristo a morir por la esencia de tu problema: tu pecado. Nuevamente, puedes combatir esta emoción mirando hacia fuera. El sistema de este mundo te dirá por medio de todos los medios que la vida se trata de ti y de tus deseos. Cristo te dirá que se trata de Él. Que vivir para Él es realmente vivir. Que amar al prójimo da gozo, mientras que idolatrarse a uno mismo, tristeza.

Ahora, no quiero que confundamos la realidad de que tenemos necesidades las cuales Dios mismo suple. Para ello, nos ha provisto de distintas relaciones, dándonos las cosas necesarias para la vida. El problema es que estar ensimismado y caer en la victimización es hacer de estas necesidades un dios. En realidad, es hacer de nosotros mismos un dios. Este es el egoísmo que encubre nuestro corazón perverso. Debemos crucificarlo, mirando las necesidades de otros. Una rebelión que podemos presentar ante este mal es: "MIRAR HACIA FUERA". Poner nuestra atención en Cristo, en su iglesia; en el prójimo; en sus necesidades. Dios proveerá para las nuestras. Ya Él es suficiente para saciar nuestras almas de todo bien. Pongamos nuestra atención en Cristo. Si queremos rebelarnos a nuestro corazón egoísta, sirvamos a los demás por amor de Aquel que nos ha redimido. Miremos hacia afuera.

Fuiste Tú quien me enseñó, a mirar con otros ojos
A descubrir el valor, infinito de los otros
Fuiste Tú quien me mostró que la vida se comparte
Que vivir para sí mismo, es perder la mejor parte
Fuiste Tú

¿Cómo luchar contra el sinsentido?

En los dos primeros capítulos dejé ver la muerte como la principal causa de esta experiencia llamada "sinsentido". Cuando estamos bajo esta sensación, no queremos escuchar que la muerte sea un juicio de Dios a nuestro pecado. Quisiéramos, por el contrario, ser consolados con palabras tiernas. No me veo a mí mismo diciéndome, cuando pierdo a un ser querido, que es debido a su pecado que ha ocurrido. Cuando pienso en el día de mi propia muerte, ni siquiera tengo ganas de admitir mi maldad, reconociendo la justicia de Dios. ¿Qué hacemos? Nosotros creímos la mentira de que conseguiríamos ser iguales a Dios. El pecado solo produjo ruinas. ¿Es Dios injusto al juzgar? ¿Qué pensaríamos si conservando un poco de sentido común vemos a una persona cometiendo algún crimen?

¿Diríamos que es injusto que sea juzgado según su crimen? Sé que el pecado nos dejó con un sinsentido total, no Dios. Que Dios juzgue con la muerte el pecado es totalmente justo.

Dios no es quien debe ser digno de nuestros reproches. Esto es bastante pecaminoso. Pero a nadie le consuela saber que su condenación es justa. Que su pena de muerte está basada en su propia rebelión. No es extraño que sintamos que la vida no tiene sentido. De hecho, es normal. Si enfrentamos la muerte, nadie jamás podría de por sí seguir viendo la vida con sentido.

Enfoquemos la cuestión desde otro ángulo. Si yo pudiera ignorar la muerte, como algunos pretenden, ¿qué otra causa podría llevarme al sinsentido? Pensemos en lo que hemos hablado en el apartado de la ansiedad en este capítulo. En concreto: la identidad y el propósito. La identidad es la realidad de que por Cristo ahora somos libres del pecado y del gobierno de Satanás. El propósito se enfoca en aquello para lo que fuimos hechos. Hemos dicho que nosotros somos de Cristo gracias a su muerte en expiación por nuestros pecados; que nuestro propósito, por tanto, es vivir para adorarlo. ¿Cómo podría tener sentido mi vida si no vivo conforme a esta identidad y propósito? Claro, el asunto es que, mientras el hombre pueda ignorar su conciencia y su conocimiento intrínseco de que dará cuentas a Dios (que verá la muerte), puede, por su parte, poner su identidad y propósito en sí mismo, o en cualquier otra religión, cosa, pasión, persona, etc. Las canciones (que no adoran a Cristo, y que por tanto son mundanas) suelen estar repletas de frases como: "mi vida tiene sentido ahora, porque te conocí". ¿Has visto cómo nuestro corazón puede volver sobre otra persona nuestra identidad y propósito? Nuestra vida no puede tener otra identidad y propósito fuera de lo que somos y aquello para lo que fuimos hechos en Cristo Jesús. Pero el corazón que no reconoce su pecaminosidad puede escabullirse, poniendo en otros su refugio.

¿Cómo luchamos contra esta experiencia de nuestro corazón caído? Me gustaría decir (por muy doloroso que esto sea), que si somos de Dios, si hemos sido redimidos mediante la sangre del Cordero, si hemos creído en Él, entonces Él mismo se encargará de quitarnos todo lo que nos robe nuestra identidad y propósito en Él. Si hemos creído en Él, Él se encargará de "disciplinarnos" y "azotarnos" (*cf.* Hebreos 12:6, 10) con el fin de que participemos de su Santidad. Aunque esto al principio traiga tristeza, debemos consolarnos con la esperanza fiel del evangelio. Evangelio cuya premisa es: Cristo padeció la muerte de la cual nosotros éramos dignos. Pero la consumación de esta esperanza evangelista consiste en que, luego de un poco de disciplina y amonestación del Señor, despertaremos a Su semejanza, sin rastro de pecado en nuestros corazones. Para entonces, no habrá esta lucha con que, eventualmente, nos veamos combatiendo. No habrá idolatría. No pondremos nunca más nuestra identidad fuera de Cristo; jamás haremos algo para lo que cual no fuimos creados. Ante todo, nuestra delicia será adorar al Cordero que vive por los siglos de los siglos. Toda tristeza que encubre la muerte será quitada. La muerte ha sido derrotada por el Cordero. Él puso su vida en expiación. Podemos mirar alegremente hacia la eternidad. La muerte y el dolor que esta trae serán una pequeña molestia que debamos enfrentar solo para cruzar de este mundo en ruinas al glorioso reino de Dios en Cristo Jesús. ¿Cómo podríamos sumirnos en el sinsentido, si Cristo nos ha librado de la muerte? Nos ha dado identidad. Nos ha hecho sus hijos. Y ha restaurado el propósito de nuestras vidas. Somos adoradores de Cristo, desde ahora y por la eternidad. ¡Aleluya!

A nivel práctico, ¿cómo enfrentarnos a esta emoción? Medita siempre en el evangelio. Ten presente lo que mereces. Aférrate de Cristo en tus oraciones. Y resuelve hacerlo todo conforme a lo que eres en Cristo, y aquello para lo que fuiste redimido: ser un adorador de Cristo. Pero ambos sabemos que no siempre tendrás el deseo de hacerlo así. Vuelve a predicarte a ti mismo el evangelio. Cuando vengan estas emociones de sinsentido, haz todo lo que no quieres hacer. Los momentos en que nos sentimos así no deseamos leer la Biblia, ni queremos buscar en sus hojas la cruz de Cristo para nuestro consuelo. Es en estos momentos en los que con mayor urgencia debes leer la Biblia y buscar la cruz. No tendrás ganas de orar. Debes hacerlo. Quizá no tengas palabras por el desaliento. Entonces dobla tus rodillas, aunque no tengas nada qué decir. No vas a querer ir a la iglesia. ¡Ve a la iglesia! Mucho más cuando no quieres ir. Te sabrá a nada tener comunión con otros hermanos; oblígate a tenerla. Haz todo lo que sabes que puedes hacer para el bien de tu alma, aunque no tengas deseos. No quiero mentirte. No siempre nos vamos a sentir en el clímax de nuestra vida cristiana. Pero sí podemos y debemos atacar. Empieza y termina por recordar el evangelio. Aún habrá dolor. Permanece temporalmente alguna tristeza. Nos punzan las heridas del pecado. Nos abate la melancolía. Pero este siglo malo pasará. La esperanza de la que soy un vocero vendrá. Me alisto, pues, para pelear hasta contra mi propio corazón. No hay error. Cristo me ha redimido. La muerte por mí ha sufrido. Mi identidad anclada en Su verdad está; la vida tiene propósito celestial y eterno. ¡En Cristo todo tiene pleno sentido! ¡Amén! Todo lo que haga en Cristo y por Cristo goza de profundo significado. Aunque para el hombre, muerto en delitos, sea un sinsentido. Yo era un ciego, al igual que ellos. "Ahora veo" (*cf.* Juan 9:25). Anunciaré a todos que en Él he recobrado la vista. ¡Aleluya!

¿Cómo luchar con la realidad de la incertidumbre?

La cuestión esencial en este apartado es que por causa del pecado el hombre pone su confianza y seguridad en lo temporal. La soledad se experimenta cuando la realidad de la incertidumbre asedia las emociones de quienes ponen su confianza en el dinero; aquellos que establecen su seguridad en la juventud; belleza, familia, metas, autorrealización, una buena imagen de sí mismos, y otras cosas semejantes.

Notará mi lector la importancia de remarcar lo que digo con relación a estos elementos, en los que solemos colocar nuestra seguridad y confianza en consecuencia de nuestro pecado. Sin embargo, no estoy diciendo que sea malo el tener dinero, familia, belleza, e incluso alcanzar ciertas metas. El problema real está en que nuestro corazón pecaminoso nos lleva a poner en estas cuestiones nuestra confianza y seguridad. Este es el problema real. Básicamente, este es el pecado de idolatría: poner en las cosas nuestra confianza. Basar en lo creado nuestra seguridad. Entonces, el lector entenderá que lo que estoy tratando de hacer es ir al centro de este asunto, con el fin de destruir nuestros ídolos.

Pero nuestros ídolos no acaban solo con decir que tenemos ídolos. Solo nos hacemos conscientes de ellos, y esto es un paso gigante. Debido a esto es que estoy replanteando el apartado de la incertidumbre tras haber hablado de la redención que tenemos en Cristo Jesús. ¡GLORIOSA REDENCIÓN! Ahora, como hemos visto, y seguiremos viendo, el hecho de que seamos redimidos no significa que ya no tenemos luchas. Antes, ¡todo lo contrario! Los incrédulos, como podemos atestiguar nosotros mismos antes de haber sido alcanzados por la gracia del Señor con que nos salvó, no tienen ninguna lucha genuina por agradar al Padre mediante la fe en Cristo. Los incrédulos no piensan en que sus pecados e ídolos están ofendiendo frontalmente al Señor Dios Todopoderoso, Celoso y Santo. Ellos, en todo caso, oran a Dios de forma egocéntrica, pidiendo para sus propios ídolos y vientres.

Mas el creyente, por la gracia y el obrar del Espíritu Santo, sabe que Dios es celoso de sí. Que ha sido salvado para la adoración exclusiva a Dios en Cristo Jesús. Este conflicto emerge en el creyente gracias a que Dios ha obrado vida en lo interno de su ser.

A la sazón, hablamos de la confianza y la seguridad, no del dinero ni de otras cosas superficiales. ¿Dónde tiene el creyente su confianza y seguridad? Lógicamente, uno respondería: en Cristo. ¿Cómo podemos estar seguros? Simplemente pregúntate ¿qué tanto anhelas el día en que por fin sea tal como Cristo es? Hazte a ti mismo la pregunta: ¿Sientes el pecado como un estorbo en tu vida de piedad? Pregúntate si verte confiando en las cosas temporales te resulta un problema del que quisieras ser librado. Analiza si puedes, sea cual sea la situación, encontrar gozo en la presencia de Dios por la fe en Cristo. Hazte la pregunta: ¿Disfruto reunirme con la iglesia? Hazte la pregunta: ¿Anhelo el día en que esté con la congregación alabando y escuchando la Palabra del Señor? Sé honesto. Ve al corazón del problema. Entonces Cristo será el corazón de la solución.

Es difícil encontrar alegría cuando no tenemos dinero suficiente. Lo sé. También es duro estar alegre cuando la juventud se pierde, llegan las deficiencias, el cansancio, el no poder rendir como antes. No estoy diciendo que esto sea cosa sencilla. Mucho menos cuando se trata de nuestros familiares. Es cierto que la decepción y frustración pueden alcanzarnos, aunque seamos redimidos. Sin embargo, las angustias de esta vida presente ponen de manifiesto que este no es el lugar adecuado en que hemos de vivir. Las penas de este tiempo malo develan si en nosotros están encendidas las luces del cielo, los aromas y las fragancias de Cristo. ¿Lo efímero y fútil de este siglo hace arder en ti el deseo de la majestad y eternidad del Cordero de Gloria?

Creo que la mejor manera en que hemos de luchar contra la incertidumbre está en madurar en Cristo, reconociendo la temporalidad de las cosas en contraste con la INMUTABILIDAD DE CRISTO. Si la barca se ve golpeada por la mar, en ella duerme quien a su voz se ha de descansar. ¡Jesucristo reina inamovible!

Ahora bien, habiendo sido redimidos por Cristo, debemos ser administradores de lo que Él nos da. Una vez que nuestro corazón está anclado en Él, entendemos ser mayordomos de cada don de Dios. Por tanto, en cuanto al dinero, Dios desea que seamos espontáneos y generosos. No avaros ni codiciosos. ¿Amas a Cristo, pero luchas con poner en el dinero tu confianza y seguridad? Una manera eficaz de luchar contra esto es siendo generoso. Déjenme definir la generosidad como el privilegio que siente un creyente al poder dar "con liberalidad". No tiene nada que ver con la abundancia. Se trata de sentir alegría en saciar la sed de una persona que lo necesitaba y usted pudo suplir.

> "Cada uno dé como propuso en su corazón: no con tristeza, ni por necesidad, porque Dios ama al dador **alegre**" (2 Corintios 9:7. Énfasis añadido).

Ahora citaré al mismo apóstol Pablo, un capítulo antes:

> Asimismo, hermanos, os hacemos saber la gracia de Dios que se ha dado a las iglesias de Macedonia; que en grande prueba de tribulación, la abundancia de su gozo y profunda pobreza, abundaron en riquezas de su generosidad. Pues doy testimonio de que con agrado han dado conforme a sus fuerzas, y aun más allá de sus fuerzas, pidiéndonos con muchos ruegos que les concediésemos el privilegio de participar en este servicio para los santos. Y no como lo esperábamos, sino que a sí mismos se dieron primeramente al Señor, y luego a nosotros por la voluntad de Dios; de manera que exhortamos a Tito para que tal como comenzó antes, asimismo acabe también entre vosotros esta obra de gracia. Por tanto, como en todo abundáis, en fe, en palabra, en ciencia, en toda solicitud, y en vuestro amor para con nosotros, abundad también en esta gracia (2 Corintios 8:1-7).

No estoy diciendo que los falsos maestros no existan y que los mismos se aprovechan de la generosidad de muchas ovejas. Lamentablemente, esto llega a afectar a muchos. Pero el creyente, así como los retratados por el apóstol Pablo anhelan tener el privilegio de demostrar el amor de Dios dado a ellos por Cristo y en Cristo al dar también de los recursos económicos para el fin de bendecir a otros. Dios ama la generosidad. ¿Acaso no fue generoso exuberantemente al darnos a Cristo? Si tu lucha está en no poner en el dinero tu confianza y seguridad, entonces contraataca siendo generoso. Nada será tan efectivo para destruir este ídolo que la generosidad. Es más, cuando por la gracia del Señor experimentas gozo al dar, sabrás lo que el mismo Señor Jesús quiso dar a entender cuando dijo: *"Más bienaventurado es dar que recibir"* (Hechos 20:35). Además, ser generosos es una manera eficaz de entender que *"la vida del hombre no consiste en la abundancia de los bienes que posee"* (Lucas 12:15), ni en los bienes que codicia. Podemos afirmar categóricamente que los creyentes no dejan de tener luchas en esta área por el hecho de haber sido redimidos, por lo que la manera más efectiva para luchar en este particular es ser generosos.

Ahora, aquellos que tienen luchas en lo que he definido como autorrealización, ¿cómo luchar eficazmente? Hemos dicho que el creyente tiene su identidad en Cristo, y que el propósito por el cual fue redimido radica en adorar a Dios. Esto no quiere decir que el creyente no deba tener "aspiraciones". Sin embargo, sí quiere decir que las cosas que emprenda deben estar enfocadas en agradar a Dios en cada área. La Biblia dice reiteradamente que el perezoso no agrada a Dios. Pero el codicioso tampoco. Entonces la cuestión está en: poner nuestra confianza y seguridad en Cristo, mientras somos diligentes con cualquier responsabilidad que de Él recibamos. ¿Cómo saber si lo que estoy haciendo lo hago con el fin de agradar a Dios y no por codiciar o poner mi confianza en las cosas que hago? La pregunta que quizá pueda servir para ayudarnos es: ¿Experimentas paz en lo que estas haciendo? ¿Puedes dar testimonio del evangelio con lo que estás haciendo?

¿Experimentas gozo en medio de lo que haces? Pregúntate: ¿Lo que piensas hacer o estás haciendo te permite mantener equilibrio entre tus responsabilidades y tus necesidades? Con esta última pregunta, quiero que piensen en *prioridades*. El hombre que ha sido redimido tiene la necesidad de vivir para Cristo y tener intimidad con Él. Esto se vuelve una necesidad, tal como la necesidad natural de comer o beber. La pregunta es si tus aspiraciones, labores o, por llamarlas así 'metas' te permiten mantener equilibrio entre tus necesidades físicas como espirituales. Un creyente adora a su Señor cuando trabaja con integridad. Teniendo una limpia conciencia de ser responsable con lo que Dios le da, mientras que a su vez, lucha por tener sustentada su confianza y seguridad en Él.

Cuando nuestras aspiraciones temporales nos quitan la capacidad de descansar, confiar y tener seguridad en Cristo, entonces es un buen tiempo para detenernos y reflexionar si en el camino hemos perdido el orden de nuestras *prioridades*. Ciertamente, el sistema suele arroparnos con tantas "necesidades" físicas. Las inestabilidades, los cambios y las estaciones de este siglo presente representan un desafío que pone en peligro nuestras almas, hasta el grado en que ya no logran descansar en Dios. Pero hemos visto que Cristo reina inamovible. Necesitamos recordar el propósito de nuestra redención, nuestra identidad en Cristo; el final que nos aguarda de ser semejantes a Él.

Diariamente asumimos responsabilidades con las cuales olvidamos nuestras *prioridades*. Creo que la incertidumbre de este mundo siempre nos empujará a poner en las cosas nuestra confianza y seguridad. No podemos ser ingenuos. Pero recordar que *"el mundo pasa y sus deseos; pero el que hace la voluntad de Dios permanece para siempre"* (1 Juan 1:17) es, sin lugar a dudas, un gran consuelo. En medio de la incertidumbre del dinero, de la belleza, la juventud, la familia, y nuestras propias vidas, recordar que hay "quienes permanecen para siempre" debe ser una fortaleza inconmovible. Por tanto, glorifiquemos a Dios en todas nuestras áreas. Siendo generosos, y haciendo las cosas con el fin de honrar al que nos redimió. Haciendo así, evitaremos caer en el desespero que arropa al mundo, viendo que las cosas en las que han confiado y puesto su seguridad se deslizan como el agua por sus dedos. Nosotros debemos guardar bien el equilibrio entre "necesidades" y *prioridades*. Si nuestra prioridad es Cristo, seremos *"como árboles junto a corrientes de aguas vivas"*; que, *"aunque la tierra sea removida, Y se traspasen los montes al corazón del mar"* (Salmos 1:3; 46:2), daremos frutos de vida y gozo en Él.

¡Amén!

¿Cómo luchar con el abandono?

Refrescando nuestras mentes con respecto a este apartado, en los capítulos 1 y 2, vimos que esta experiencia existe por la entrada del pecado en nuestra relación con Dios y con los hombres. Quiero enfocar, ahora, el abandono desde la lupa de la redención. Por ello, es sumamente necesario e indispensable recordar que, en la esencia del pecado relacionado al abandono, nosotros abandonamos a Dios. ¿Cómo hemos demostrado esto? Cada vez que pecamos, hacemos algo peor que abandonar a Dios. Le estamos diciendo que nosotros somos más importantes que Él. Confesamos que sus mandamientos no son buenos, que nuestro camino es mejor.

El creyente, cada vez que peca, elige abandonar a Dios. ¿Puede hacer esto un creyente que se identifica con el Señor Jesucristo como su Salvador? Ya lo hemos planteado en el capítulo anterior: la redención de la que gozamos los creyentes, en el sentido de la experiencia, está inconclusa. Aún nos falta probar aquella perfección de la que seremos vestidos por completo cuando Cristo regrese. ¡Amén! Aun así, cada vez que pecamos, abandonamos a Dios. Lamento decirlo. Me pesa en todo el pecho afirmarlo.

La pregunta crucial es esta: ¿Dios te ha abandonado a ti? ¿Me dirás que no eres digno del abandono eterno de Dios? Somos totalmente dignos. Démosle al Señor una sola razón por la que no nos abandone… En este momento, ni siquiera podríamos decir "Cristo" porque no hubo nunca una sola razón por la que Cristo tuviese que venir a nuestro rescate. Él jamás recibió una razón digna de nuestra parte para que sea movido a redimirnos. Paradójicamente, esta misma verdad es la base de nuestra confianza: Nosotros no hicimos nada para que Dios se moviese a compasión; por tanto, no podremos hacer nada para evitar que Él la tenga.

En este sentido, entiendo que ser abandonados es una experiencia muy dolorosa que lleva nuestras almas al sentimiento de la soledad. Yo no estoy tratando de ser indiferente a esta realidad. Solo quiero expresar que sea cual sea la situación en que hayamos experimentado el abandono, de cualquier índole: físico, emocional o espiritual; de nuestros padres, familiares, amigos o hermanos en la fe; como fuere, sea cual sea la situación, la gravedad de este asunto es que nosotros abandonamos a Dios primero; pero Él (si estamos en Cristo Jesús), no nos abandona. Y esta es la base en la que debemos plantarnos con el fin de que seamos conscientes de la necesidad que tenemos de experimentar el perdón de Dios en Cristo Jesús, por lo cual somos redimidos; pues es cuando experimentamos este perdón y redención que podemos, con mayor gozo, perdonar a quienes nos abandonan en determinados momentos. Es necesario que recordemos que, en la cruz, Dios el Padre nos otorgó el perdón de nuestros pecados.

Particularmente me llama la atención observar que, con el tiempo, muchos de nosotros pasamos de ser creyentes alegres con solo la idea del perdón de Dios a ser creyentes que sostienen pensamientos y sentimientos de prejuicios o rencores hacia otros creyentes.

¡¿Cómo puede pasarnos esto?! Yo lo único que debo pensar es que, cada vez que peco, estoy abandonando al Señor, pero nunca Él me abandona a mí. ¿Por qué? Porque Cristo nunca abandonó el camino de obediencia al Padre. Jesús vivió bajo el gobierno del Padre, de una forma tan perfecta, que para el Señor Jesús el pan y la bebida eran hacer la voluntad del Padre. Esa obediencia de Cristo es la que hace que cuando el Padre nos vea no encuentre ningún abandono de nuestra parte, ni a su voluntad, ni a sus mandamientos de vida. ¿Cómo puedo, aun así, sostenerle una falta a mi prójimo?

Sé que para nosotros es bastante difícil perdonar las ofensas. Pero mientras más profundamente meditemos en que el Señor realmente es quien ha sido ofendido, y aún quien nos ha perdonado en Cristo, será mucho más fácil. Porque cuando hay falta de perdón en nuestros corazones, siempre va a ser una consecuencia de olvidarnos de que el Señor, si bien quisiera, nos debería arrojar inmediatamente al infierno en este preciso instante. Si no lo hace, es suficiente razón para perdonar a quienes nos abandonan u ofenden de cualquier manera. La redención es la doctrina que nos recuerda que, pase lo que pase, nosotros no la provocamos. Nosotros no somos dignos de ser redimidos. Lo digno de nosotros es el infierno de la ira santa de Dios. Esta realidad debe ser un motor repleto de energía para no abandonar a los demás porque nosotros hayamos sido abandonados. Lamentablemente, experimentaremos esta emoción constantemente a lo largo de nuestras vidas. Pero, ¡aleluya!, ya hemos sido perdonados en Cristo Jesús. Podemos tener la previa disposición de perdonar. Al hacerlo, evitaremos directamente, la amargura y el veneno que se engendra en el alma cuando hay rencores hacia los demás.

Habiendo hecho un esfuerzo por ir a lo profundo del asunto, ahora echemos un vistazo a la superficie. Cuando nosotros somos abandonados de cualquier manera, por cualquier persona, sea el lazo que sea que tengamos con ella, la soledad nos suele acariciar con pecados que lucen con rostros "alegres" de compañía. Sí, ahora mismo estoy pensando en las expresiones reales de esta emoción, acompañada de la falta de perdón. El daño que la pornografía hace al corazón del creyente es una bestialidad. La fantasía de escapar del sentimiento de abandono mezclado con la soledad que se oculta detrás del ilusionismo pornográfico deja al creyente tan desprovisto de aliento que cada virtud que el Señor labra en él se desfigura. Retrocede el creyente un montón de años, mientras que lograba avanzar un poco. ¿Cómo, pues, luchar contra este fenómeno monstruoso? Mi primer análisis sería preguntar si se experimenta gran dolor cuando se sucumbe a este tipo pecado (o cualquier otro).

Lo primero, y más importante, es examinar si hay lamento por el pecado. Porque no quiero que demos categorías a los pecados. Ciertamente, unos son más dañinos que otros, pero todo pecado es igualmente aborrecible al Señor; tanto si caigo en adulterio, como si caigo en envidia. Para el Señor es igualmente despreciable caer en *"pecados respetables"*[6], o pecados escandalosos. Delante de Dios cada pecado es digno del máximo castigo. En nuestra experiencia humana, sin embargo, hay distintas afectaciones de acuerdo con los pecados en que caemos.

En el caso de los solteros, el sentimiento que se experimenta al ser abandonados, unido a la falta de perdón que los hunde en la soledad y en victimización, puede tentarlos a lidiar con estas emociones, escapando de ellas en las imágenes pornográficas. Esto es terrible. No está bien. Pero es una realidad. Gloria al Señor si no es tu experiencia. Entonces escribo para quienes así lo han experimentado, o podrían experimentarlo. Incluso, podrían estar experimentando. Aquí quiero decirte, en primer lugar: recuerda que no hay nada verdadero en estos pecados. La ilusión no es igual a la realidad. En segundo lugar: considera que la realidad de la intimidad marital es solemne y excelente. La pornografía impone una ficción que tuerce y desfigura la solemnidad y excelencia que Dios le dio a la intimidad marital. No debes comprar esa perversión que, si bien nace de tu propio corazón, es un engaño del enemigo. Él siempre ha torcido lo que Dios ha hecho.

---

[6] Bridges, J. (2008). *Pecados respetables: Confrontemos esos pecados que toleramos*. Editorial Mundo Hispano.

Supongamos que hay otra razón por la que luchas, y es la lujuria. La lujuria no va a darte lo que tu egoísta corazón demanda. Cada vez que cedes, das lugar a que tu corazón te lleve por senderos de muerte, de egoísmo y de ruina. ¿Cómo levantarte? En primer lugar, pregúntate si te sientes a gusto con este pecado. Porque si te sientes a gusto con un pecado explícitamente malo, no sabría por qué te sentirías intranquilo con los *"pecados respetables"*.

Si te evalúas a ti mismo, y ves dolor en ofender a tu Redentor, entonces pregúntate qué está pasando en lo interno de tu corazón y mente. ¿Hay falta de perdón? O, ¿luchas con la lujuria? En cualquier caso, ninguno de estos pecados puede apartarte de Dios, si en Cristo has sido reconciliado con Él. Mi llamado sería al arrepentimiento continuo. Insisto en este término, "arrepentimiento continuo", porque no soy inmune al pecado. Sé lo que es pecar. Soy un pecador en mi propia condición. El texto que me parece adecuado para quienes experimentan luchas con estos pecados (falta de perdón, que produce esa sensación de abandono que te lleva la soledad, o la lujuria) es 1 Juan 1:7-10:

> "Pero si andamos en luz, como él está en luz, tenemos comunión unos con otros, y la **sangre** de Jesucristo su Hijo nos limpia de todo pecado. Si decimos que no tenemos pecado, nos engañamos a nosotros mismos, y la verdad no está en nosotros. Si **confesamos** nuestros pecados, él es fiel y justo para perdonar nuestros pecados, y **limpiarnos** de toda maldad. Si decimos que no hemos pecado, le hacemos a él mentiroso, y su palabra no está en nosotros (énfasis en negrita añadidos)".

Nuestra comunión con el Padre es posible solo por la sangre que vertió el Salvador. Esta redención obrada nos permite tener comunión con Él y con su iglesia. Pero esta situación no cambia nuestra realidad temporal de habitar en un cuerpo de pecado, el cual necesita ser crucificado constantemente con la siguiente práctica: la confesión de nuestros pecados. Lo que más me agrada de este texto citado es que dice que Dios, básicamente, está legalmente obligado a perdonarnos si nosotros confesamos nuestros pecados. Literalmente Dios sería injusto si, habiendo confesión de nuestra parte, y teniendo comunión por la sangre de Cristo, no nos perdona, sino que nos deja en la ruina. El solo pensamiento de que Dios esté decidido a perdonar a cada cual que se confiesa pecador y se arrepienta constantemente es una invitación a la confesión y al descanso. ¿Significa que debes ir a pecar para luego arrepentirte? Es casi la misma pregunta del apóstol Pablo en Romanos 6:

> "¿Perseveraremos en el pecado para que la gracia abunde?".

Automáticamente el Espíritu de la Gracia grita: *"En ninguna manera"*. Pero ciertamente sí es un llamado al arrepentimiento constante. El hecho y la certeza de que la sangre de Cristo fue derramada en la cruz es un llamado a confesar nuestros pecados delante del trono de la gracia.

En cuanto al pecado de la inmoralidad sexual, como consecuencia de caer en la fantasía de la pornografía, creo que hay un pensamiento que dirige mis ideas en este momento. Es el mandamiento explícito del apóstol Pablo a quienes están en condición de soltería:

> "En cuanto a las cosas de que me escribisteis, bueno le sería al hombre no tocar mujer; pero a causa de las fornicaciones, cada uno tenga su propia mujer, y cada una tenga su propio marido" (1 Corintios 7:1-2).

La Nueva Biblia de Jerusalén traduce el verso dos de la siguiente manera:

> "No obstante, por razón de la incontinencia,

tenga cada hombre su mujer, y cada mujer su marido".

El apóstol Pablo no entiende que la intimidad sexual, así como su deseo, sea algo perverso de por sí. Esa idea nace de las distorsiones que la sociedad caída le da al vínculo más profundo del matrimonio. De manera que, bien sea que estemos experimentando el abandono que nos hace sentir solos, ante lo cual se cae en la pornografía, o bien sea a causa del pecado de la lujuria, si no hay en nosotros la continencia, o la capacidad de abstenerse, es señal indubitable de que debes aspirar a casarte.

Pero si te casas pensando en solo satisfacer tus apetitos pronto descubrirás que el mandamiento del apóstol Pablo para los casados es:

"El marido cumpla con la mujer el deber conyugal, y asimismo la mujer con el marido" (v. 3).

Es decir: la pareja marital tiene un deber de intimar exclusivamente con su esposo/a. Ve el siguiente verso:

"La mujer no tiene potestad sobre su propio cuerpo, sino el marido; ni tampoco tiene el marido potestad sobre su propio cuerpo, sino la mujer".

Y remata diciendo:

"No os neguéis el uno al otro, a no ser por algún tiempo de mutuo consentimiento, para ocuparos sosegadamente en la oración" (v.5).

No, la intimidad marital no esególatra. La intimidad es una entrega mutua.

¿Puedes creer que este es el pensamiento de Dios sobre la intimidad marital? El problema viene por la lujuria y otros pecados de inmoralidad sexual que distorsionan nuestro entendimiento y comprensión del lazo más profundo que existe entre un hombre y una mujer en el vínculo del matrimonio. Sumado al libertinaje y depravación que impone la sociedad sobre el sexo, de manera que nuestra mente termina asociándolo con algo perverso, que no puede venir de Dios.

El anhelo de un hombre y una mujer por intimar con su cónyuge es algo que se debe guardar como el lazo más profundo del corazón del ser humano, con el cual manifiesta la profundidad del amor que se tienen, si ambos están en Cristo Jesús. Esta verdad es la que la lujuria y la basura del internet y de nuestra sociedad anticristiana tuerce para que los jóvenes se sientan mal a causa de sus deseos. El problema no está en el deseo, está en la distorsión del deseo. ¿Qué, pues, aconsejar para luchar contra esto? Pablo nos dice, inspirado por el Espíritu Santo: cásate. Ahora, si estás casado: "No eres de ti". Eres de tu esposo/a. Y, soltero: nunca procures casarte si lo que entiendes por matrimonio es que podrás demandar de alguien satisfacción egocéntrica. ¡Eso es un pensamiento lujurioso y perverso!, muy vendido por la sociedad actual y la pornografía.

El matrimonio es el estado que Dios fundó para la legítima satisfacción y gozo de los hombres (seres humanos), en el cual, tanto varón como mujer, pueden y deben glorificarlo; salvo algunas excepciones, como la del apóstol Pablo y otros que, por causa del ministerio, Dios les guarda, dándoles el regalo de la continencia. Pero todos sabemos que estas son excepciones, no la regla. Por lo tanto, es hermoso que los solteros anhelen el matrimonio, y se guarden para ese estado tan honroso a los ojos de Dios.

Esto supone algunos otros problemas, ante los cuales no puedo profundizar más. Sin embargo, para seguir avanzando, debemos recordar que la primera pregunta que debemos responder en lo relativo al abandono, a la soledad y la vía de escape, es: ¿Hay en ti falta de perdón? Luego debes preguntarte: ¿Te sientes a gusto con el pecado? Si puedes decir que entiendes el perdón de Dios por Cristo, entonces vas a tener una previa disposición a perdonar. Y, consecuentemente, no podrás estar cómodo con ningún pecado, ninguno. El apóstol Juan nos recuerda que, si confesamos nuestros pecados, no solo seremos perdonados, como en efecto ya lo hemos sido, sino que también seremos limpiados. Dios está comprometido a perdonarnos, porque la sangre de Su Hijo fue vertida. En este caso, vuelvo a hacer un llamado al arrepentimiento continuo. ¡Amén!

He hablado de los pecados vergonzosos. Pero también quiero hablar de cómo luchar contra los *"pecados respetables"*. Ser abandonados nos hace sentir la soledad que nos hunde en emociones pecaminosas, tales como la depresión, el desánimo, la apatía, la ingratitud, la indiferencia o la frialdad, entre otros.

Sé que no todos tienen manifestaciones de sus pecados en estas emociones. Pero escribo casi de forma autobiográfica cuando hablo de depresión, desánimo y todas estas corrupciones. ¿Cómo, siendo abrazado y buscado por Dios en la faz de Jesucristo, y antes habiendo pecado contra él, *"podré estar triste?"*[7].

Sin embargo, no hay diferencia para estos pecados que para los otros. El llamado es al arrepentimiento continuo. Particularmente me siento muy feliz cuando pienso en la realidad del Cielo. Creo que todo creyente, cuando ve su pecado, crece en su comprensión y aceptación de que, si Dios quisiera echarlo al infierno, eso sería mucho mejor que seguir pecando contra Cristo. Sin embargo, por el mismo Cristo que nunca pronuncia un desprecio hacia él, puede anhelar el día en que sea vestido de la justicia de Cristo en su cuerpo. Y esta es la realidad más sublime, luego de ver y estar con Cristo, que un creyente puede disfrutar en su mente cuando piensa en el Cielo: No pecará más contra SU REDENTOR. De manera que el arrepentimiento continuo nos hace exclamar:

---

[7] Himno *¿Cómo podré estar triste?* De: Civilla D. Martín (1866-1948).

> "Amén; sí, ven, Señor Jesús" (Apocalipsis
> 22:20).

¡Amén! Entre tanto: arrepentimiento continuo. Un día seremos librados totalmente de este cuerpo de muerte, y del pecado que lo esclaviza. Un día disfrutaremos de la plenitud de la redención que Cristo nos otorgó. ¡Aleluya, amén!

¿Cómo luchar con la demanda de amor?

Quien anhela matrimonio, como lo aconseja el apóstol Pablo en 1 Corintios 7, involucra de plano su corazón. De hecho, cuando el relato del Génesis dice que el varón se unirá a su mujer, y viceversa, en el lazo marital, consumado con la intimidad, entendemos que en ese momento la pareja experimenta una unidad tan profunda que la manera más precisa de definirla, según Dios, es llamando a aquel acto: "una sola carne". Ya no son dos personas, sino una. Qué solemne, ¿no? Pues de esto podemos derivar la necesidad de intimar en cada área de nuestras vidas con el amor marital hacia la persona que Dios da por esposa/o. A lo que voy es que la intimidad en el matrimonio es absoluta. No hay nada que una persona se reserve de sí misma cuando tiene intimidad. De aquí el gran conflicto y deterioro que tiene la inmoralidad sexual en la vida de cada ser humano. Ahora, el elemento que sobresale en la "demanda de amor" es el de las emociones, los sentimientos.

Como recordará, en los primeros dos capítulos, en lo que se refiere a este asunto, dejé ver que el pecado, tomando partida de nuestras necesidades legítimas, creadas incluso por Dios, ha distorsionado cada aspecto de estas, llevándonos al egoísmo; convirtiendo de la necesidad del amar y ser amados en una exigencia. Todo para que, cuando por fin nos casamos, luego de habernos hecho el daño suficiente por no ser pacientes y guardar a costa de cualquier cosa nuestra virginidad, entonces empecemos a exigir y a exigir de otra persona lo que solo en Dios y por Dios estamos hechos para obtener. En este sentido, la demanda de amor no es otra cosa más que hacer de la necesidad con que el Señor nos ha creado, el propósito de nuestras vidas. Cuando no podemos encontrar nuestra identidad en Cristo, cuando el vivir para Él deja de ser nuestro propósito, otros ídolos son puestos en el lugar de Dios. En lo que respecta a esto, hacemos del amar y ser amados el propósito y la razón de nuestras vidas. En este sentido, aunque ampliado a muchas más áreas, me gustaría meditar en la siguiente cita:

> "Las cosas legítimas dañan a más personas que las ilegítimas, como el vino mata más gente que el veneno. Los pecados flagrantes atemorizan, pero ¡cuántos se exceden y mueren al usar cosas legítimas de manera desmesurada! El recreo es legítimo, comer y beber es legítimo, pero muchos ofenden con exceso, y su mesa es una trampa. Las relaciones son legítimas, pero ¡cuán a menudo la esposa y el hijo se ponen en el lugar de Dios! El exceso hace que las cosas legítimas se conviertan en pecaminosas"[8].

El asunto es que cuando no tenemos en Cristo nuestra identidad, encontrando en Dios el propósito de nuestras vidas, aquellas cosas que son realmente legítimas vienen a posicionarse en el lugar de Dios. Sabemos que esto es idolatría. ¿Cómo luchamos con esto, siendo que somos pecadores? El lector podría pensar: "es que tú no estás casado, Israel, ni tienes hijos". Bueno, honestamente diría que es cierto que no estoy casado, ni tengo hijos. Pero, si para poder hablar de la Escritura en lo que respecta a muchos temas, se debe estar casado, tener hijos o nietos, entonces quizá no debería, ciertamente, hablar en lo absoluto. Hay cosas de las que hablaremos sin tener la mínima experiencia. No por ello debemos

---

[8] Thomas Watson, citado en el libro *Reflexiones Puritanas*, ZIKARÓN Isaac Berrocal. Edición para uso de la actividad académica, 2022.

callar. No. Lo que hacemos es hablar conforme a la autoridad de las Escrituras, porque entendemos que la suma de toda ella es la Palabra del Señor. Hablamos en sujeción a Ella, no a nuestra experiencia. Ahora, entiéndase que un hombre casado y con hijos quizá pueda entender mejor que un soltero las luchas que se libran en el área del vínculo matrimonial; no así, amado lector: la idolatría no es exclusiva de los casados. Los solteros podemos, muy fácilmente, idolatrar la idea sola de estar casados, y llevar aquella ilusión al punto donde se vuelve el fin o propósito de nuestras vidas. La línea que separa este asunto es, me atrevo a decir: la demanda de amor que respira nuestra sociedad y que, si somos honestos, podríamos estar respirando nosotros en nuestros propios corazones.

Reitero: no estoy hablando como quien se sienta en un escritorio y dice lo que piensa. Quizá sea yo "el primero de todos los pecadores". Reafirmo, en consecuencia, que el llamado del arrepentimiento continuo sea una reacción constante de nuestro corazón y nuestra mente. Anhelemos que, por la gracia del Señor, y por Su Espíritu Santo, seamos alertados sobre algún ídolo. Que nuestra respuesta sea: "Padre, por amor de tu nombre; en virtud de tu Hijo Amado, perdóname. Ayúdame a seguirte con mayor cautela y celo. Porque para Ti he sido redimido, para ser de los que te adoren a Ti, por Tu Hijo. Perdona, oh Señor, mi pecado. Amén".

Al identificar la idolatría en el deseo de amar y ser amados, lo que brotará es un corazón demandante y exigente. Por mucho que reproche y grite, nunca se sacia. No puede hacerlo porque, aunque Dios hizo al hombre y le dio ayuda idónea, la fuente de gozo del hombre realmente es Dios. Cuando no estoy gozoso en Él, es casi natural andar insatisfecho. Cuando estamos insatisfechos, es casi inevitable ser exigentes y demandantes. Triste cuando estas actitudes recaen sobre el cónyuge o los hijos. La idolatría se va cuando los maridos pueden amarse el uno al otro teniendo al Señor como el núcleo de su vida de adoración. Cuando nos arrepentimos y volvemos al Señor Dios; es decir, cuando en nuestros corazones le damos a Él la gloria y adoración que merece por Jesucristo, entonces las relaciones tienen un nuevo respiro. Pueden gozarse en el amor que ambos tienen por Dios. Las relaciones se ven hermoseadas por el arrepentimiento, la gracia y el amor de Cristo.

Ahora, hay un ambiente que coopera negativamente en el tema de la demanda de amor. Es el asunto de la inmediatez que se promueve en el sistema consumista en que vivimos. Queremos todo ¡ya! No soportamos que nos digan: "Espere solo unos segundos. Nuestra asistente le atenderá en un instante". Ese instante tiene que ser, literalmente, un instante. De lo contrario, nos impacientamos. La vida sentimental y emocional requiere un tiempo, el cual, honestamente, no siempre solemos soportar. Hay demasiadas cosas que rodean la vida emocional cuando estamos en la espera del gozo del amor marital. La mayoría de nosotros llegamos al *cristianismo real*[9] luego de que se ha perdido la virginidad física. "Si quieres, ¿por qué debes esperar?", es el pensamiento de la concupiscencia, del Diablo, del mundo. Ruego al Señor que, si tengo a un lector que sea virgen físicamente, no desista de guardarse. Principalmente porque ese es el deseo de Su Señor. Y el propósito por el cual fuimos redimidos radica en que vivamos para Él. Pero, además, porque hay gozo en saber esperar. Solo el Diablo te dice que no. Su engaño es: "puedes acceder antes". Lo mismo ocurrió en el Edén. "¡No! ¡Pero que Dios tan injusto! Te quiere privar de cosas que, sin esperar, puedes desde ahora disfrutar. No le hagas caso. Eso te volverá una persona aburrida". ¡Falso de toda falsedad! Satanás solo sabe mentir. Aguardar es mejor, así mueras virgen. Lo mismo diría a quienes, por naturaleza del asunto, llegaron al cristianismo real habiendo dado luz a esos pecados. En Cristo gozamos de una nueva creación, revestida de la justi-

---

[9] Wilberforce, W. (2007). *Cristianismo real* (B. Beltz, Ed.). Casa Creación.

cia de Cristo, con la cual podemos volver a empezar. Podemos gozarnos en que fuimos rescatados para disfrutar de la obediencia en el amor supremo a Cristo. Estoy seguro de que, si Dios no quisiera darte a ti o a mí, el amor marital, aun así, el propósito que Él nos ha devuelto en Cristo nos haría sentir plenos, sin necesidad de recurrir a las mentiras del Diablo y de nuestro corazón.

No desesperes. El camino del Señor está marcado por la paciencia. Debemos desarrollar la paciencia, en medio de un sistema de inmediatez. Incluso, esto nos hace ser diferentes a los incrédulos, por lo que tenemos aquí una oportunidad de ser luz a esta sociedad intranquila. Desesperada. Exigente. Demandante.

¿Cómo, pues, luchar con "la demanda de amor"? Amados: reubicando el propósito de Dios para el matrimonio. Hay un principio plasmado en el relato del Génesis con el que podemos reubicar este propósito. Dios creó el vínculo marital con el fin de que el hombre pudiese servir de manera eficaz al Señor. Esta realidad del matrimonio sigue intacta, pese al pecado. El problema está en que, si no somos redimidos, es imposible restaurar este propósito.

Entrados en este punto, me parece necesario exhortar a los solteros a que sean muy cuidadosos de no estar mirando a la persona equivocada. Un creyente, con la madurez necesaria para casarse, debe resistir la inclinación de ser atraído por la persona del sexo opuesto, solo por cosas externas. Las mujeres, por su parte, partiendo de una legitimidad, son tentadas a poner excesivo énfasis en que el hombre posea recursos tales que ella pueda estar "segura" de que nunca se verá en una situación precaria. Si bien es cierto que esto debe ser parte de lo que la mujer debe observar de un varón, debe existir un equilibrio con mayor énfasis en la relación que un hombre puede gozar con el Señor. Es decir: si un hombre puede amar a Dios, deleitarse en la Escritura y amar la iglesia de forma apasionada e íntegra, es muy probable que, llegado el tiempo, se esfuerce en cuidar de su esposa en todos los sentidos en que debe ser atendida. Pero un hombre que no aprecia lo suficiente la Palabra de Dios bien podría ser bueno trabajando y produciendo, pero el hombre no solo ha de ser un proveedor; debe guardar también el alma de su esposa.

Los hombres, por otra parte, pueden caer en la inclinación de poner su mirada en una mujer solo porque es bonita. El punto es que, por lo mínimo, sea una persona de verdadera confesión cristiana. Ni el hombre ni la mujer debe poner la mirada en un incrédulo, porque el matrimonio no puede celebrarse entre una persona redimida y otra esclava del pecar y de Satán. La razón es obvia: Solo los que hemos sido redimidos podemos reubicarnos en este primer enfoque del propósito por el cual Dios creó el matrimonio, a saber: servir y glorificar a Dios en cada área de la vida cristiana.

Para enfatizar un poco más, me gustaría expresar la necesidad de reubicar el gozo que debe existir en los creyentes en lo tocante a los roles que Dios ha otorgado a cada miembro del matrimonio.

Ahora, sé que estoy hablando de esto a vuelo de pájaro, pero me es necesario, al menos mencionarlo. Dios creó al varón, y luego lo puso como autoridad sobre la creación que Dios le había dado. Dios ordena que el varón cuide, labre, gobierne y dirija el espacio en que Dios lo colocó. Luego, con el fin de procrear y multiplicarse y ejercer mejor su trabajo, le dio una ayuda que era perfectamente adecuada y complementaria. La creación biológica de la mujer supone que el rol era totalmente distinto al del varón. En ningún momento vemos, en el relato bíblico, que la mujer se sintiese deshonrada o inferior por ocupar su rol. Para ella había tanta dignidad como la había para él. Ya sabemos que, tras la caída, lo primero que vemos es que tanto el varón como la mujer empezaron a repudiar, ciertamente, el rol que Dios les había dado a cada cual. Cuando somos redimidos, somos llamados a abrazar nuevamente el gozo de vivir según el rol dado a cada miembro del pacto matrimonial.

La redención nos hace libres de sentimientos machistas y de sentimientos feministas. Nos devuelve el gozo de ocupar con amor por la fe en Cristo los roles que cada uno debe desempeñar. Si, pues, volvemos a reubicar el propósito de Dios para el matrimonio (servir a Dios, no a nosotros mismos); si reubicamos el gozo que cada rol representa, entonces podríamos avanzar un poco en la lucha contra esta enfermiza y disfrazada demanda de amor que, desde luego, no es amor, sino egoísmo. El amor que no tiene disfraz consiste esencialmente en amar a Dios, disfrutando de Él por la fe en Cristo. En consecuencia, debemos amar el matrimonio como un vínculo honroso a los ojos del Señor. Dicho amor llevaría a los creyentes a esperar, si fuere el caso; al arrepentimiento o al soportar las cargas y dificultades que la Providencia del Señor provea. La importancia de entender así el matrimonio es poder conformar hogares donde la gloria del evangelio resplandezca. La redención apertura hogares así. La redención vuelve al corazón de los casados el diseño de Dios para la familia. Y, sin duda, esto será una protesta contra toda demanda egocéntrica existente en nuestra sociedad incrédula e impía.

Sé que con estos simples comentarios no voy a construir lo suficiente para restablecer todo lo que debe ser restablecido en nuestros corazones en lo tocante al matrimonio, pero espero sea de ayuda para combatir contra las ideas falsas que atacan directamente el estado más íntimo que Dios ha dado al hombre para ensanchar Su gloria aquí en la tierra. En la medida en que reubiquemos las realidades profundas del matrimonio, y amemos a nuestro Redentor, creceremos, yendo en sentido opuesto del egoísmo engendrado en la demanda del supuesto amor que esta sociedad vende como pan caliente. Además, debemos también darle muerte a nuestras propias pasiones, pues muchas veces serán ellas las que se resistan a ser pacientes y aguardar en la obediencia al Señor.

Para acabar este punto, y pasar al último de este capítulo, me gustaría cerrar con una oración:

Amado Padre: en primer lugar, quiero confesar las infinitas veces que hemos pecado contra el noble propósito que Tú has dado al matrimonio. Sé que mientras más aumentamos el saber, más notamos lo lejos que nos encontramos de obedecer Tu santa y dulce voluntad. Te pido, por amor de tu Hijo, nos des gozo y alegría en guardarnos de toda demanda egoísta hecha hacia el matrimonio. Danos gozo en el entendimiento de los roles y del propósito que le has dado al pacto marital, para que, en vez de sentir que nos estamos perdiendo algo, realmente nos estemos guardando felizmente de desobedecer Tu dulce y buena voluntad. Guarda nuestros corazones de caer en las mentiras del Diablo. Él siempre nos dirá que la impaciencia es un mejor camino. Guárdanos, Señor, de estas artimañas. A los solteros: dales el deleitarse primeramente en Ti. Guarda sus mentes; sus emociones. Dales alegría en la soltería. Padre: danos la dicha de ser hombres y mujeres que aman el propósito que Tú le has dado al matrimonio. Hombres y mujeres redimido/as que entienden que los roles son importantes porque ayudan al desarrollo integral de la familia, y eso te glorifica. Que seas Tú, oh Señor, el recomienzo para quienes antes anduvieron lejos de Ti. Padre: es por el amor a tu Hijo y el honor que Él merece que te rogamos que acomodes nuestras mentes, corazones y almas al santo y noble deseo Tuyo de que el matrimonio sea entre nosotros "honroso". Finalmente, ningún estado puede y está hecho para representar mejor el amor que Tú le posees a Tu iglesia, que el estado del matrimonio. Ningún estado del hombre manifiesta que el amor por el que debemos amar es el de Cristo. Solo el matrimonio lo hace. ¡Vale la pena esperar!, si fuere el caso. ¡Vale la pena restaurar!, cuantas veces sea necesario. Padre: danos celo de tu voluntad con respecto al pacto matrimonial. Que nuestra iglesia local sea un faro en el cual, antes de demandar, cada uno dé. Por tu Hijo, amado Padre, te lo pedimos, ¡amén!

¿Cómo luchar con el sufrimiento?

Hemos llegado al punto donde creo que cada expresión acerca del sufrimiento se queda muy pequeña. ¿Qué otra cosa nos puede hacer sentir tan solos como el sufrimiento? Pensar en las cosas que producen sufrimiento nos llevaría escribir libros enteros. Pensemos, por ejemplo, en todas las cosas que hemos abordado desde este texto. Ansiedad, estar ensimismado, no encontrarle sentido ni propósito a la vida; incertidumbre, abandono, demanda de amor, que es egoísmo. Extendiéndonos podríamos pensar en la pobreza, la enfermedad, las injusticias, robos, maltratos, y un sinfín de cosas. Sé que las siguientes palabras no las puedo hablar desde mi experiencia, pero con ellas haré ver la realidad que me hace pensar que nada tiene tanta capacidad de hacernos sufrir más que la pérdida de quienes más amamos. En particular, el cónyuge. Cito:

> Fue la voluntad del Señor llevarse consigo a mi querida y fiel esposa, con quien he vivido durante casi cuarenta años, cuya ternura hacia mí y fidelidad hacia Dios fueron tales que no puedo expresarlas, y quien siempre me acompañó en todas mis aflicciones. Puedo decir con sinceridad que nunca la escuché pronunciar la más mínima queja bajo ninguna de las diversas circunstancias que la Providencia nos trajo, tanto a mí como a ella. Ella veía la mano de Dios en todos nuestros sufrimientos, y por tanto me animaba en los caminos de Dios. Su muerte ha sido el mayor sufrimiento que he experimentado estando en el Señor.[10]

¿Cómo enfrentar una situación semejante, siendo honesto por un lado, pero alegre por el otro? No todos sufrimos igual.

---

[10] William Kiffin, citado en Ligon Duncan, *¡No temas! La muerte y el más allá desde una perspectiva cristiana*. Editorial Peregrino, 2019, p 32.

Sin embargo, casi es un hecho que todos sufrimos. Ahora, quiero decir que no todo sufrimiento viene directamente de la Providencia de Dios; aunque es totalmente cierto decir que todo está bajo Su Providencia. Aun así, hay causas que corresponden a la consecuencia directa a un pecado que hayamos cometido; o bien que, por anunciar el evangelio, padezcamos por él. Lo que digo es que no todo sufrimiento viene por causa del obrar de Dios directamente. Por ejemplo: hay veces en que Él nos quitará a aquellas personas que más amamos. Habrá momentos en que nos despojará de las cosas que disfrutamos. Particularmente, Él lo hace cuando, por nuestro pecado, hemos puesto nuestros seres queridos y nuestras comodidades en el lugar de Dios. Ya que Él nos ama, su amor se manifiesta en darnos disciplinas que nos hagan recapacitar. Como decía Lewis:

> "El dolor es el megáfono que Dios utiliza
> para despertar a un mundo de sordos"[11].

Más allá de todo esto, pensemos: ¿Cómo reaccionar con sinceridad ante la pérdida, sabiendo que no es fácil, pero con una calma y paz que superen lo comprensible? Mientras escribía la cita de Ligon, en relación a las palabras de William Kiffin, realmente veo un dolor indecible, y una paz que no hay manera de describirla. Entonces me pregunto: ¿cómo hace para reaccionar así, sin ser un hombre frío, que no siente nada, pero tampoco un quejoso que reniega de Dios con palabras o actitudes necias? Algo sé, que no siempre reaccionamos como bien quisiéramos, o debiéramos. Eso es ser honesto. Pero, si reaccionamos con una actitud de gratitud, entendiendo la tristeza y el dolor, debe ser posible solo por una obra interna del Señor, mediante Su Santo Espíritu; el cual, como es sabido, mora en cada creyente; caracterizado por el arrepentimiento y amor a Cristo; no valiéndose de sí

---

[11] Cita extraída de la película autobiográfica de C.S. Lewis: *Tierra de penumbras.*

mismo, sino de Él. Nosotros podemos reaccionar bien ante el sufrimiento meditando en las verdades expresadas en el siguiente himno:

Corro a Cristo para huir del temor;
mi amparo es Él, yo sé.
"Solo cree en Mí", me dice en amor.
Seguro así estaré.
Corro a Cristo roto por dolor;
abunda en Él la paz.
"Yo también lloré", susurra el Señor.
"Mi pena te trae solaz".
Corro a Cristo del afán de vivir;
reposa mi alma en Él.
"Solo ven a mí", su voz puedo oír.
Encuentro descanso en Él.
Corro a Cristo oprimido por el Diablo y el pecar;
con temor él huye de mi Señor.
Jamás me podrá dañar.
Corro a Cristo cuando hay tentación;
yo tengo un escape en Él.
"¡Solo líbrame!" es mi oración,
y cedo a Su gracia fiel.
Corro a Cristo avergonzado y encuentro un Defensor;
soportó la santa ira de Dios
y hoy es mi intercesor[12].

Un creyente no niega la realidad del sufrimiento. Mucho menos cuando se trata de perder a quienes más amamos. Pero, nadie, absolutamente nadie ha sufrido el ser abandonado, siendo perfecto y sin pecado; nadie ha sufrido el ser desprovisto de todo bien, siendo el único Bien; nadie ha padecido la soledad y, nadie ha quedado tan abrupto de dolor eterno; solo Cristo ha estado en el lugar que solo Él estuvo. Jesús,

---

[12] Himno *Corro a Cristo.* Escrito por: Chris Anderson.

como hombre, perdió a Su Padre, en ciertos términos. Y, en cierta manera, el Padre perdió a su Hijo. Es bastante complejo este misterio esencial del evangelio, pero, creo que Ligon Duncan sigue abordando el asunto de una manera que me parece más favorable citarlo, y dejar que la sabiduría que Dios le ha dado nos ilustre en el tema. Antes de citarlo, quiero decir que el pensamiento que solemos tener de que Dios no nos entiende cuando sufrimos es del todo falso. Duncan expresa a continuación:

> Cuando la muerte nos toma por sorpresa, podemos vernos tentados a pensar que Dios no comprende lo que estamos sintiendo y experimentando. Pero cuando Dios envió a Jesús a este mundo, el Padre sabía que estaba enviando a su Hijo a morir. Y no solo tendría que morir, sino que tendría que experimentar la segunda muerte que ninguno de los que habéis confiado en Cristo tendréis que experimentar jamás. Así que cuando veas el cuerpo frío de un ser querido que te ha sido arrebatado y te sientas tentado a pensar: «"Señor, Tú no entiendes lo que siento»", es crucial que comprendas que tu Padre celestial entiende cosas acerca de la muerte que tú no puedes concebir. Su Hijo, el Señor Jesucristo, experimentó una muerte que ni tú ni nadie que confíe en Él experimentará jamás. A eso se refiere el apóstol Pablo cuando dice en Romanos 8:32: «"El que no escatimó ni a su propio Hijo, sino que lo entregó por todos nosotros, ¿cómo no nos dará también con Él todas las cosas?»". El Padre dio a su Hijo, no solo para que se adentrara en la primera muerte, sino en la segunda muerte, en nuestro lugar, para que no tuviéramos que sentir toda la fuerza de lo que la muerte debía ser: la separación de un Dios Bueno y Amoroso por causa de nuestra rebelión. Esta verdad transforma radicalmente la forma en que un creyente ve la muerte.

En primer lugar, nunca jamás podemos enfocar la muerte (sin importar cuán sorprendente, impactante, dolorosa y trágica sea nuestra experiencia) con el más leve atisbo de sospecha de que nuestro Padre celestial no comprende lo que estamos pasando. Si has perdido un hijo, puedes tomar consuelo en que tu Padre celestial sabe lo que es perder un Hijo. Y sabe lo que es no solo perder un Hijo, sino ofrecer perder un Hijo por ti. Es sumamente desacertado mirarle a sus ojos de amor y decirle: «"Padre, Tú no sabes lo que estoy pasando»"; porque Él puede mirar a ti y decir: «"Hijo, no te puedes ni imaginar lo que he pasado Yo por ti»". Aunque haya mil misterios en cuanto a la muerte, y es precisamente ese miedo a lo desconocido (aun entre creyentes) lo que nos desconcierta a veces, Jesucristo cambia radicalmente la forma en que un cristiano ve la muerte. Para Dios, no hay nada desconocido en cuanto a la muerte; de hecho, Dios creó la muerte como juicio, y su propio Hijo experimentó el juicio de la muerte en el lugar de su pueblo. No hay nada en cuanto a la muerte que él no comprenda, así que puedes confiar en Él incluso en los momentos más difíciles para ti. Por eso David puede decir en el Salmo 23:4 «Aunque ande en valle de sombra de muerte, no temeré mal alguno, porque Tú estarás conmigo; tu vara y tu cayado me infundirán aliento»". David no sabía exactamente qué le esperaba en el valle de sombra de muerte, pero Dios sí, y eso es lo que importa.

Como cristianos, entendemos que la muerte es el último enemigo. Pero también entendemos que Cristo ha conquistado ese último enemigo al experimentar la segunda muerte en nuestro lugar, así que cuando experimentamos

> la primera muerte (la separación entre el alma
> y el cuerpo) lo hacemos sin el temor del juicio
> santo de Dios, sino como el comienzo de la en-
> trega que nos hace Dios de aquello para lo que
> nos ha creado desde el principio: ¡vida, y vida
> en abundancia![13]

El problema de nuestro egoísmo es que no nos permite ver la entrega, la pasión y el amor con que Dios el Padre dio a Su Hijo con el fin de rescatarnos de Sí mismo a causa de nuestra "rebelión", usando los términos por el autor citado. Esto no arroja nuestras emociones al olvido y nos dice que, si sufrimos y nos dolemos, es porque no confiamos en Él. No. De hecho, hay un texto que, aunque es cortísimo, si lo pudiéramos entender y creer, aún pasaríamos la eternidad, maravillados de tanta profundidad, empatía, cercanía, comprensión, compasión, ternura; un texto que proclama de manera muy detallada y concisa la forma tan exuberante e incomprensible que tiene Dios de amar: "Jesús lloró" (Juan 11:35). Jesús puede, como ya hemos visto por las expresiones de Ligon Duncan, entendernos perfectamente. El Padre sabe mejor que todos lo que es enfrentar la muerte de Su Hijo. Pero no solo la muerte primera, como también nos lo afirma categóricamente Duncan, sino la segunda. Es decir: la muerte del juicio eterno. Separado de Dios por toda la eternidad bajo su furor. Jesús soportó la ira que probarán los impíos y demonios en el siglo venidero. Y lo hizo para que tú y yo *jamás* tengamos que hacerlo. ¿Dirás que esa es la realidad detrás de la reacción de William Kiffin en la cita que hemos leído de él? Precisamente, esa es la respuesta. Nosotros podemos enfrentar el sufrimiento; la pérdida de un ser tan querido, con la honestidad que esta deja, pero con la alegría y la paz de saberse salvo en Cristo.

---

[13] Ligon Duncan, *¡No temas! La muerte y el más allá desde una perspectiva cristiana*. Editorial Peregrino, 2019, pp 23-25.

¿Cómo, pues, enfrentamos el sufrimiento? Amados: mirando a Cristo.

Sí. Sé que puedes pensar y decir: "Bueno, es que tú eres…", o que "es que…". No. Nada de eso. Si miramos a Cristo, entendiendo que nosotros hemos pecado y, a pesar de todo, el Señor fue movido a misericordia y, sin hacer caso omiso de nuestra maldad, entregó a Cristo para librarnos de Su ira, entonces no cabe duda de que, a pesar de lo que debamos sufrir, nada iguala al sufrimiento que Cristo soportó para salvar nuestras almas. Simplemente no tenemos ni idea. Si mirar a Cristo, tras haber sido redimidos por Su sangre, no nos hace levantar la mirada, aunque nuestro rostro lleno esté de lágrimas, entonces no sé qué puedo yo escribir que sea para tu consuelo y el mío.

En el momento más oscuro del sufrimiento, deja que la oscuridad y la agonía del SALVADOR impacten tu alma.

Cuando la cruda realidad de lo temporal arroje temor y duda en ti deja que las heridas del CORDERO echen fuera cada tristeza.

Cuando sea tu habitación un rincón tan alejado de cualquier risa, mira el llanto que JESÚS tuvo, a fin de darle alegría a toda tu casa. Siendo que es, ÉL mismo, tu hogar.

No. No estás, ni estarás solo en tu sufrimiento. Él está contigo.

No. No estás solo, no.

Jesús nos ha redimido para nunca más estar solos. Oh, sí. Amén. Lo ha hecho. Yo creo. Yo lo sé. De hecho, lo sé. Cuando echo a ver la cruz, una y otra vez, voy entendiendo que no estamos solos. Si Él se dispuso a ir allí, y yo creo fielmente que fue por mis pecados, para darme remisión y redención, entonces no estoy solo. Él es mi abrigo. Jesús me ha dado el abrigo del Padre. Si lo hizo, entonces, aunque me sienta solo, solo no estoy. Él está allí, conmigo. Sí. Él está en la cruda fealdad de mi soledad y sufrimiento. Tan pronto como le vea con mis ojos, estaré libre de todo vestigio de sufrimiento; de cualquier sombra de soledad. Cristo ha dado su vida para redimirme. Cualquier sufrimiento es temporal. Cualquier bache es temporal. Cualquier frío es temporal. Cualquier abandono es temporal. Él permanece para siempre. Mi vida está escondida en Él.

Oremos:

Amado Padre: Nuestro corazón va detrás de nuestros ídolos. Sabemos que Tú eres bueno y nos has dado a Cristo para redimirnos de la esclavitud del pecado y del diablo. Esto lo has hecho porque Tú te complaces en hacer Misericordia y Amor, siendo Justicia y Verdad. Has manifestado Tu gloria en la paradoja de la cruz. El mundo la ve y se burla. Los incrédulos aún la toman para sus ritualismos. Incluso, otros la usan para satanismo. Pero, oh, Señor Bueno, nosotros vemos belleza sin igual en las heridas de Cristo, porque son a causa de tu Amor. Nuestros pecados merecen ser así tratados. ¡Oh Señor! Ciertamente no has hecho con nosotros conforme a nuestras iniquidades. Trataste a tu propio Hijo en nuestro lugar. De tu favor y de tu abrigo nosotros nos hemos alejado. Lejos de Ti, la soledad experimentamos. Soledad que, por mucho que tapemos con vicios, jamás podremos de ella escapar. El pecado solo engendra pecado. La maldad deja vacía el alma mientras Satán le dice al corazón que se puede estar bien lejos de Tu favor. Señor, Tú nos diste a Cristo. Nos redimiste. Hemos pasado de la soledad a la redención, por el puro afecto de Tu voluntad. Has sido clemente. Ahora, Señor, podemos mirar con agrado hacia la cruz. Y, aunque allí murió nuestro Salvador, encontramos en su dolor el fin del nuestro. Por eso, aunque al mundo siga siendo "sin atractivo", ni "deseo", para nosotros Él es Todo. Si quieres quitarnos cualquier cosa, pero nos das a Cristo, Padre: ¡Hazlo! Trae sobre nosotros disciplina, pero haznos tuyos. No. Ya no somos esclavos ni del pecado, ni del Diablo. No. Somos tuyos por la sangre que vertió el Salvador. Entonces, Oh Señor, Tú estás con nosotros. Tu Hijo intercede a nuestro favor. Tu Santo Espíritu nos infunde gozo y esperanza fiel. Tan pronto pase la noche, a la luz del resplandor de Su justicia y perfección te habremos de ver. Peregrinamos a Tu presencia, Señor. Estamos en Tu presencia. El día malo pasará. "La noche acabará". El sol de Justicia aparecerá. Ya no andamos en soledad. Somos de Cristo. Por Él, somos tus hijos. Nos guardarás hasta el final. Pueden Satán y su séquito gritar. Ante la voz de Cristo tiene que callar. Oh Señor, te anhelamos. Nos guardas de la duda y la incredulidad. Pon en nuestros ojos a Cristo. Por amor de Él te lo pedimos, y te damos gloria y alabanza. ¡Amén!